갤럽보고서가 예고하는

일자리 전쟁

갤럽보고서가 예고하는

일자리 전쟁

짐 클리프턴〈갤럽 CEO〉 지음 | 정준희 옮김

북스넛
Booksnut

옮긴이 **정준희**

한국외국어대학교 영어과를 졸업하고, 현재 전문 번역가로 활동하고 있다.
금융업계에 종사한 적이 있으며, 옮긴 책으로 『필립 코틀러 마케팅을 말하다』『토요타 인재 경영』『톰 피터스 경영창조』『새무얼 스마일즈의 인격론』『애플의 방식』『실리콘밸리 스토리』『라이코스, 속도가 생명이다』『거인의 어깨 위에 올라서라』『경영에 관한 마지막 충고』『90일 안에 장악하라』『100마일의 산책』『생각을 쇼(SHOW)하라』『후지산을 어떻게 옮길까?』『차이나 주식회사』『중국 비즈니스 최전선』『우리는 반드시 날아오를 것이다』『문제는 성과다』『마케팅 슈퍼스타』『성공하는 사람들의 도덕지능』『공감리더십』『신임리더 100일 안에 장악하라』『쇼핑하기 위해 태어났다』 등 다수가 있다.

갤럽보고서가 예고하는
일자리 전쟁

1판 1쇄 발행 | 2015년 1월 5일
2판 1쇄 발행 | 2016년 10월 10일

지은이 | 짐 클리프턴
옮긴이 | 정준희
발행인 | 이현숙
발행처 | 북스넛
등   록 | 제2016-000065호
주   소 | 경기도 고양시 일산동구 호수로 662 삼성라끄빌 442호
전   화 | 02-325-2505
팩   스 | 02-325-2506
디자인 | 디자인86

ISBN 978-89-91186-85-9 03320

일자리 전쟁의 서막이 오르다

다가오는 세계 전쟁은 양질의 일자리를 차지하기 위한 글로벌 전면전이 될 것이다.

2008년 이래, 양질의 일자리 전쟁은 다른 모든 리더십 활동을 능가했다. 그것은 양질의 일자리가 현재 국가들이 경험하고 있는 다른 모든 일의 원인이자 결과이기 때문이다. 글로벌 경쟁이 치열해짐에 따라, 향후 이러한 양상은 더욱 심화될 것이다. 각 국가들이 일자리 창출에 실패한다면, 그들 사회는 허물어질 것이다. 국가들은, 좀 더 구체적으로 말하면 도시들은 고통과 불안 그리고 혼란을 겪을 것이고, 종국에는 혁명에 휘말리게 될 것이다. 이것이 리더들이 맞닥뜨리게 될 새로운 세계이다.

갤럽이 75년 넘게 벌여온 세계여론조사를 바탕으로, 당신이 내게 세계를 바로잡을 방법 - 다시 말해 순식간에 세계 평화와 행복을 구현하고 향후 인류 발전에 한 획을 그을 획기적인 방법 - 을 묻는다면, 나는 18억 개의 정규직 일자리를 즉각 창출하는 것이라고 답할 것이다. 인류의 현 상황을 호전시킬, 더 좋은 방법은 없을 것이다.

리더들이 직면해 있는 문제는 현재 양질의 일자리가 없을 뿐 아니라, 대부분의 경우, 앞으로도 그런 일자리를 구할 가망이 없어서 불행해하고, 괴로워하며, 고통스러워하고, 위태로울 정도로 우울해하는 인구가 세계적으로 증가하고 있다는 사실이다.

양질의 일자리란 주당 평균 30시간 이상 꾸준히 일할 수 있고, 고용주로부터 정기적으로 일정 보수를 받을 수 있는 일자리이다. 세계 노동 경제학자들은 그러한 일자리를 정규직이라 부른다. 이따금 리더들과 경제학자들은 양질의 일자리정규직와 비정규직 사이의 경계를 허물어버린다. 비정규직이란 일정 시간 이상 꾸준히 일할 수 없어, 정기적으로 일정 보수를 받기 어려운 일자리이다. 개발도상국들에서는 그런 일자리를 흔히 볼 수 있다. 그렇지만 개발도상국들에만 그런 일자리가 있는 것은 아니다. 석탄과 닭고기를 맞바꾸는 기본적인 생존활동도 일종의 비정규직 활동이다. 그러한 활동들은 입에 풀칠하며 목숨을 이어나가는 수단이 될 수는 있지만, 진정한 경제 에너지를 창출할 수 없다. 갤럽보고서에 따르면, 그러한 일들에 종사하고 있는 사람들은 불행할 뿐만 아니라, 정규직 일자리를 구할 희망이 없어 – 다시 말해 양질의 일자리를 구할 희망이 없어 – 평생 고통 받는다.

지구상에 살고 있는 70억 인구 가운데, 15세 이상인 사람이 50억 명이다. 갤럽보고서에 따르면, 그 50억 인구 가운데 30억 명이 일하고 있거나 일하고 싶어 한다. 이들 중 대부분이 상근 정규직 일자리를 필요로 한다. 문제는 상근 정규직 일자리는 현재 세계적으로 12억 개밖에 되지 않는다는 점이다. 잠재적으로 약 18억 개의 양질의 일자리가 세계적으로 부족한 것이다. 그것은 매우 충격적인 조사 자료이다. 매주 평균 30시간 이상 근무하며 일정 급료를 정기적으로 받을 수 있는 정규직 일자리를 구하고 있는 사람들 가운데 50퍼센트가 실업 중에 있고, 그 외에 10퍼센트가 현재 시간제 일자리를 구하고 있는 것이다.

이것은 또한 세계 인구의 4분의 1 가량인 18억 명이 사회적 중압감에 시달리며, 불안정한 삶을 살아갈 공산이 크다는 것을 의미한다.

이러한 배경 하에 향후 일자리 전쟁이 일어나게 될 것이다. 게다가 (이 책에서 지표로 삼고 있는, 중대한 조사 결과로) 이 새로운 형태의 세계적인 양질의 일자리 전쟁이 다른 모든 것을 능가하게 될 것이다. 그것은 양질의 일자리 부족이 미국과 여타 국가들이 정치와 군사력을 통해, 그리고 인도주의적 도움을 통해 해결하려고 할, 거의 모든 세계 문제의 근본 원인이 될 것이기 때문이다. 양질의 일자리 부족이 배고픔과 극단주의, 통제 불가능한 이주 양상, 무분별한 환경적 트렌드, 무역 불균형의 심화 등의 원인이 될 것이기 때문이다.

거의 모든 측면에서 세계가 무슨 생각을 하고 있는지 갤럽이 실시한 여론 조사를 바탕으로 내가 내린 중대 결론은 향후 30년을 좌우할 힘은 정치력이나 군사력이 아니라는 것이다. 대신 경제력이 세계를 좌우하게 될 것이다. 주로 일자리 창출과 양질의 국내총생산의 성장에 의해 결정될 힘인 경제력 말이다.

만약 미국에 일자리창출부Department of Job Creation가 있어, 성공적인 성과를 거둔다면, 그것은 미국무부나 국방부의 성공보다 더 중대한 결과를 초래할 것이다. 정치력과 군사력이 더 이상 세계의 성과를 결정짓지 못할 것이기 때문이다.

그에 따라 리더십의 조건도 달라지고 있다. 리더들에게 가장 요구되는 것은 일자리 창출이라는 새로운 임무의 완수이다. 정치, 군사력, 종교 혹은 개인적 가치관을 통해 리더들이 발휘해온 전통적인 리더십이 미래에는 과거만큼 먹히지 않을 거라는 얘기이다. 개인적 가치관이 다른 어떤 것보다도 양질의 일자리에 어떤 영향을 미치는가에 따라, 그것의 색조가 달라질 것이다. 인권 문제, 줄기세포 연구 문제, 게이들의 권익 문제, 그리고 글로벌 직장에서의 여성 문제에 있어 중요한 것은 그러한 문제들이 가족관, 정치관, 종교관에 어떤 영향을 미치느냐보다 고용 성장에 어떤 영향을 미치느냐가 될 것이다.

이 새로운 전쟁을 가능한 구체적으로 설명하면, 2010년 현재 세계 GDP_{gross domestic product: 국내총생산}(한 해 동안 각 국가에서 생산된 재화 및 용역의 총 합계 - 옮긴이)는 60조 달러이고, 이 가운데 미국의 GDP가 15조 달러로, 약 25퍼센트에 이른다. 이것은 커다란 수치이다. 향후 30년에 걸쳐 세계 GDP는 200조 달러로 증가할 것으로 추정된다. 그러므로 140조 달러의 새로운 고객들과 근로자들, 신생 기업들과 자본들이 글로벌 시장으로 흘러들어올 것이다. 세계적인 일자리 전쟁은 이 140조 달러를 차지하기 위한 전면전이 될 것이다. 140조 달러 속에서 보다 진화된 형태의, 세계 최고의 차세대 일자리들이 창출될 것이기 때문이다. 이 140조 달러 속에서 새로운 사회 지옥이 탄생할 수도 있고, 차세대 경제 왕국이 발흥할 수도 있다.

세계 2차 대전은 놀라운 군사력의 승리로, 세계를 구한 것은 군사력이었다. 모두 알고 있는 것처럼, 세계 2차 대전에서 패했다면 상당수의 서구 민주국가들은 말할 것도 없고 미국도 무사하지 못했을 것이다. 그것은 미국과 서구 사회의 자유를 위한, 그리고 자유세계의 리더십을 위한 전쟁이었다. 그것은 모든 것이 걸린 전쟁이었다. 모든 것이 위태로운 상황이었고, 패배했다면 모든 것이 달라졌을 것이다.

세계 일자리 전쟁은 앞으로의 모든 것을 좌우할 전쟁이라는 점에서 3차 세계 대전과 같다. 세계 일자리 전쟁이 자유세계의 리더를 결정지을 것이다. 중국이나 다른 어떤 국가 혹은 지역이 창업과 일자리 창출, 그리고 GDP 성장에 있어 미국을 능가한다면, 앞으로의 모든 것은 달라질 것이다.

이것은 미래의 모든 것이 걸린, 차세대 전쟁이다.

차례 >>>

차례 >>>

1장

세계 70억 인구가
원하는 것은

- 세계는 지금 무슨 생각을 하고 있는가
- 6년간의 갤럽 조사로 밝혀진 진실

G.a.l.l.u.p. R.e.p.o.r.t

〉〉〉

세계는 지금 무슨 생각을 하고 있는가

　　세계 리더들이 갤럽에 "세계가 무슨 생각을 하고 있는지 확실히 알고 있는 사람이 있을까요?"라는 단순하지만, 대답하기 만만치 않은 질문을 던지는 횟수가 점점 늘어나고 있다.

　　고전 경제학적 데이터에서 주목한 것은 무수히 많은 인간의 거래활동이다. GDP에서 고용, 출생률과 사망률, 그리고 모든 이가 살면서 구매한 모든 재화와 용역까지 기록하고 있는 것이다. 이러한 데이터들은 사람들이 무엇을 하고 있는가에 대해서는 어떻게든 말해주려고 한다. 그러나 그들이 무슨 생각을 하고 있는가에 대해서는 체계적이고 지속적이며 상세한 설명을 하지 않고 있다.

　　글로벌 리더들이 사람들이 무슨 생각을 하고 있는지 의문을 갖는 것은 낭언한 일이다. 빈곤, 전쟁, 환경, 실업과 일자리 창출, 극단주의와 테러리즘 같이 그들을 잠 못 이루게 하는 모든 사안들이 유권자들의 마음에 달려 있기 때문이다. 그것이 경제 문제든, 중동 문제든, 에너지원 문제든, 아니면 환경 문제든, 사람들이 생각하는 바가 그들의 행동에 영향을 미치고 있기 때문이다.

리더들이 거의 모든 현안에 대해 유권자만 아니라, 전 세계가 무슨 생각을 하고 있는지 항상 알고 있다면, 적으면 일이 한결 수월해지는 유익을 얻을 수 있을 것이고, 많으면 보다 효과적으로 임무를 수행하는 유익까지 누릴 수 있을 것이다. 리더들이 유권자들의 마음을, 그리고 70억 인구 가운데 그들과 교류하는 나머지 사람들의 마음을 잘못 판단함으로써 실수를 저지르거나 기회를 놓치는 일도 없게 될 것이다.

갤럽에서 우리가 행동 경제학적 데이터로 새로운 데이터베이스를 구축한 이유는 바로 글로벌 리더들이 보다 효과적으로 일할 수 있는 환경을 조성하기 위함이었다. 이 데이터베이스는 거의 모든 국가들과 생각할 수 있는 거의 모든 인구통계학적 · 사회지학적 집단을 대상으로 수집한, 세계 70억 거주민들의 의견을 나타내고 있다. 우리는 그것을 세계여론조사the World Poll라 부른다. 이 새로운 데이터베이스를 구축하기 시작한 것은 2005년이고, 우리는 100년 간 그 일에 매달릴 생각이다.

우리는 세계여론조사를 만드는 일이 역사적 도전이 되리라는 것을 알고 있었지만, 그것은 우리가 생각했던 것보다 훨씬 어려웠다. 우선 우리 연구원들은 수백 명의 세계 리더들과 학자들을 대상으로 이해관계자 인터뷰(stakeholder interview: 특정 사안과 관련 있는 이해관계자들을 모아 놓고 개별적으로 혹은 집단으로 일련의 토론을 벌임으로써 양질의 데이터를 수집하는 방식 – 옮긴이)를 실시했고, 최고의 여론 자료 보관소들, 대학들, 국제연합the United Nations, 세계은행the World Bank, 유럽연합the European Union 자료 보관소들, 그리고 미국무부 – 즉 현존하는 이런 유형의 정보를 찾을 수 있으리라 생각되는 모든 곳과 모든 것 – 를 샅샅이 뒤졌다.

우리 연구원들이 필요로 한 것은 대단히 포괄적인 세계여론조사였다. 그들은 그와 같은 것을 찾을 수 없었다. 그래서 우리가 직접 그것을 만들었다.

그것은 거의 모든 세계 현안을 포괄해야 했고, 수 백 개의 언어로 정확히 번역되어야 했으며 모든 문화에서 유의미해야 했다. 훨씬 더 어려웠던 일은 에콰도르에서 르완다, 이란, 러시아, 아프가니스탄, 아일랜드, 쿠바, 레바논, 카자흐스탄, 베네수엘라, 온두라스, 중국에 이르는, 150개가 넘는 국가에서 일관성 있는 표집틀(sampling frame: 표본이 추출될 수 있는 전체 모집단의 목록 – 옮긴이)을 만드는 것이었다. 당신도 무슨 말인지 알 것이다.

설문지를 작성한 뒤, 우리 전문가들이 맞닥뜨린 가장 어려운 난관은 전체 데이터가 비교 가능한 데이터가 될 수 있도록 일관성 있는 데이터를 수집할 확실한 방법을 찾아내는 것이었다. 예를 들면 생활 만족도에 대해 물을 경우, 맨해튼의 사교계 명사에서 마사이족의 아이엄마에 이르는 모든 이가 통계학적으로 비교 가능한 답변을 할 수 있도록, 동일한 의미를 갖는, 동일한 질문을 그들 각각의 고유의 언어를 이용하여 동일한 방식으로 해야 한다. 각각의 질문이 모든 언어에서, 모든 문화에서, 그리고 해마다 동일한 의미를 띠도록 하는 것이 대단히 중요하다는 것을 우리는 알고 있었다.

게다가 리더들이 동향과 유형을 파악할 수 있도록, 사회 전반에 걸쳐, 믿을 수 있고 일관성 있는 기준을 만들어야 했다. 그러므로 우리는 복지, 전쟁과 평화, 법과 질서, 꿈과 희망, 건강과 의료, 고통과 번영, 개인 경제, 빈곤, 환경문제, 업무현장 등의 기준을 만들었다.

그리고는 우리의 여론조사를 도와주었던 세계 곳곳의 동료들과 협력관계에 있는 학자들 그리고 갤럽의 연구원들은 정말 바삐 일했다. 그들은 세계가 무슨 생각을 하고 있는지 정확히 분석하기 위해, 인류가 알고 있는 모든 통계 기술을 총동원하여 세고 분류하기를 반복했다. 분석 결과로부터 얻어낸 결론은 한 마디로 복잡하다. 이것은 갤럽 역사상 가장 절제된 표현일 수도 있지만, 사실이다.

이 데이터들은 예전에 답할 수 없었던 많은 질문들에 답을 던져주고 있다. 이 데이터들을 통해, 70억 인류의 생각을 우리가 얼마나 모르고 있는지, 그들의 꿈과 희망, 의지, 생활 방식과 관련해 우리가 잘못 생각하는 경우가 얼마나 많은지 제대로 알 수 있다.

갤럽의 창립자로서, 고故 조지 갤럽 박사는 세계 인구가 50억 명이던 시절, 이렇게 말한 바 있다. "삶을 영위하는 방법이 50억 가지가 있고, 우리는 그 방법 모두를 조사해야 한다."

6년간의 갤럽 조사로 밝혀진 진실

6년간 힘들여 세계 데이터를 수집한 결과, 우리는 이미 가장 통렬하고, 유용하며, 명료하고, 세계의 판도를 바꿔놓고 있는 한 가지 진실을 발견했다.

전 세계가 원하고 있는 것은 양질의 일자리라는 진실 말이다.

이것은 갤럽이 그동안 찾아낸 가장 중요한 발견들 가운데 하나이다. 적어도 이것은 모든 정책과 법률, 사회공헌계획에서 고려되어야 한다. 정책입안자들과 입법자들, 대통령들과 총리들, 부모들, 판사들, 사제들과 목사들, 이슬람 종교지도자들, 교사들,

관리자들 그리고 최고경영자들에 이르는 모든 리더들이 자신이 하는 모든 일에서 매일 이 점을 고려해야 한다.

이것은 내가 할 수 있는 가장 간단하고, 가장 솔직한, 데이터 설명이다. 우리가 하루툼(Khartoum: 수단의 수도 – 옮긴이)의 거리를 걷고 있든, 아니면 카이로나 베를린, 리마, 로스앤젤레스, 바그다드, 혹은 이스탄불의 거리를 걷고 있든, 대부분의 사람들의 머릿속을 지배하는 단 한 가지 생각을 꼽으라면 그것이 양질의 일자리를 구하는 것임을 알 수 있을 것이다.

과거 인간은 다른 무엇보다 사랑과 돈, 음식, 안식처, 안전, 평화 그리고 자유를 갈구했다. 그러나 지난 30년 동안 우리는 달라졌다. 이제 사람들은 양질의 일자리를 원하고, 그들의 자녀들이 양질의 일자리를 갖길 바란다. 세계 리더들에 있어, 이로 인해 모든 것이 달라지고 있다. 그들은 '양질의 일자리를 찾고자 하는 욕구'라고 하는 새로운 정황 속에서, 그들이 하는 모든 일 – 즉 전투 전개에서 사회 구축에 이르는 모든 일 – 을 진행해야 할 것이다.

여기서 '양질'이라는 단어가 중요한 의미를 갖는다. 어떤 일이든, 아무 일이든, 일자리가 있기만 하면 충분한 것이 아니기 때문이다. 사람들이 양질의 일자리라고 하면, 그것은 원하는 시간만큼 일할 수 있는 일자리를 의미한다. 가령 당신은 길거리 음식점을 운영하고 있는 사촌을 도와주고 일정 대가를 받을 수 있다. 하지만 그것은 사업자등록이 제대로 되어 있는 회사의 일자리도, 일주일에 30시간 이상 꾸준히 일할 수 있는 일자리도 아니다.

양질의 일자리에 대한 욕구는 세계인의 시대적 소망이다. 당신이 양질의 일자리를 구하느냐 못 구하느냐에 따라, 당신이 속한 국가와 도시, 그리고 주변 세계와의 관계가 달라질 것이다.

리더들은 "세계가 양질의 일자리를 원하고 있다는 사실을 깨닫는 것이 무엇보다 중요한 이유가 무엇일까?"라는 훌륭한 의문을 가질 수 있다. 그 대답은 세계 모든 리더들이 양질의 일자리 창출을 제1의 의무이자, 주요 목표로 삼아야 하기 때문이다. 양질의 일자리는 세계 모든 리더들에 있어 새로운 화폐가 될 터이기 때문이다. 리더들이 하는 모든 일에 세계인들의 이러한 새로운 심리가 반영되어야 한다. 그렇지 않으면 그들이 살고 있는 도시와 국가는 위험에 처하게 될 것이다.

- 입법자들은 조세, 의료법, 환경 규제 같은 새로운 법규들이 유능한 기업가들을 끌어당기는 역할을 하는지 밀어내는 역할을 하는지 파악해야 한다. 만약 새로운 법규가 유능한 인재들을 쫓아내는 역할을 한다면, 그 결과 두뇌 유출이 일어나게 될 것이고 일자리 창출에 지장을 받게 될 것이다.

- 공립학교장들과 대학총장들은 핵심 교육과정들과 졸업률

그 이상을 생각해야 한다. 학생들은 단순히 졸업을 원하는 것이 아니다. 그들이 원하는 것은 궁극적으로 양질의 일자리를 선사할 교육이다.

- 군의 리더들은 전쟁을 벌이고 평화를 위한 계획을 세울 때, 양질의 일자리를 고려해야 한다. 그들은 군사 공격이나 점령, 치안 활동을 통해 양질의 일자리 창출과 더불어 경제 성장 효과를 거둘 수 있을지 따져보아야 한다. 양질의 일자리를 얻을 수 있는 기회가 주민들의 폭력적이고 극단적인 심리를 변화시키는 데 매우 중요하기 때문이다.

- 지구상의 각 시, 읍, 면 등의 자치단체장들과 리더들은 모든 결정을 내릴 때, 무엇보다도 그 결정이 양질의 일자리에 미칠 영향을 따져보아야 한다는 것을 인식해야 한다.

이 위대한 글로벌 드림의 진화가 향후 수백 편의 박사학위 논문의 자료로 쓰일 것이다. 그러나 이것은 이야기의 시작에 불과하다. 사랑과 평화, 식량문제 그리고 주택문제에 쏟아졌던 사람들의 시선이 양질의 일자리로 쏠리고 있다는 것은 인류 문명의 진화에 있어 중대한 변화를 시사한다. 가장 중요한 변화 가운데 하나가 글로벌 이주 패턴에 있어서의 변화이다.

아마도 인류가 (지금은 에티오피아의 영토인) 사바나 평원에 모습을 드러낸 것은 이십 만 년 전이었을 것이다. 그들은 자신의 삶과 가족, 그리고 부족의 번영을 위해 여기저기로 뻗어나갔다. 그들은 발걸음을 멈추지 않았다. 최초의 이주자들은 언제나 가장 대담한 모험가들, 탐험가들, 그리고 방랑자들이었다. 그리고 그것은 지금도 마찬가지이다. 인류의 진화에 있어 아주 최근까지도, 탐험가들은 새로운 수렵지와 농경지, 영토, 연결로, 그리고 자연자원을 찾았다. 그러나 이제 탐험가들은 다른 무엇인가를 찾고 있다.

오늘날의 탐험가들은 혁신을, 그리고 기업가의 재능과 기술을 극대화시킬 가능성이 가장 높은 도시들로 이주하고 있다. 그곳이 어디가 되었든, 가장 유능한 인재들이 이주하고자 하는 곳이 바로 차세대 경제 왕국이 발흥할 곳이다. 샌프란시스코, 서울, 그리고 싱가포르가 매우 거대한 일자리 창출 엔진이 된 것도 그 때문이다. 만약 새천년의 유능한 탐험가들이 당신이 살고 있는 도시를 선택한다면, 당신은 글로벌 리더십의 새로운 성배 - 두뇌 유입, 재능 유입, 그리고 그 결과로써 일자리 창출이라는 새로운 성배 말이다 - 를 손에 넣게 될 것이다.

당신이 눈치챘을지 모르겠지만, 이 책에서 나는 미국을 종종 사례로 이용했다. 그것은 결코 우연이 아니다. 이 책이 세계 모든 경제에 적용될 수 있는 내용들을 담고 있음에도 불구하고, 다시 말해 세계적인 목적을 위해 세계적인 시각에서 데이터들이 테스트되고 분식되었음에도 불구하고, 미국이 어전히 세계 경제에서 특별한 위치를 차지하고 있기 때문이다. 미국이 전 세계 기업가들에게 다년간 횃불 역할을 해왔고, 막대한 GDP를 올리고 있기 때문에, 미국은 경제적으로 그리고 도덕적으로 다른 어떤 국가도 갖지 못한 권위를 갖고 있다.

그리고 지금은 그러한 권위가 조금씩 무너져 내리고 있다.

나는 미국인이고 애국자이다. 하지만 나는 현실주의자이기도 하다. 미국이 세계 경제 강국으로서 자기 자리를 지키는 한, 민주주의와 일자리, 그리고 자유기업을 옹호하는 세계를 발전시킬 힘 역시 보유할 것이다. 이 세 가지 가운데 가장 중요한 것은 자유기업이다. 자유기업이 말馬이라면, 다른 모든 것은 그 말이 이끄는 마차이기 때문이다. 지난 100년에 걸쳐 자본주의는 현대 인류 발전의 참된 토대 역할을 해왔다. 자유기업 - 다시 말해 원하는 것을 창출하고 구축할 자유 - 이 만개할 수 있는 곳에서 자본주의는 번영한다.

자유기업이 활동의 주축인 국가, 문화, 혹은 사회에서 인류는 급속도로 성장하고 번영하리라는 믿음을 갖고 나는 이 책을 집필했다. 간단히 말해 나는 재화의 교환이 다른 모든 것을 가능하게 하리라 믿고 있다.

나는 이 책에서 미국을 사례로 들었지만, 부에노스아이레스에서 부다페스트에 이르는 독자들 역시, 일자리의 중요성과 국가 및 도시, 기업, 그리고 교육의 역할을 깨닫길 기대했다.

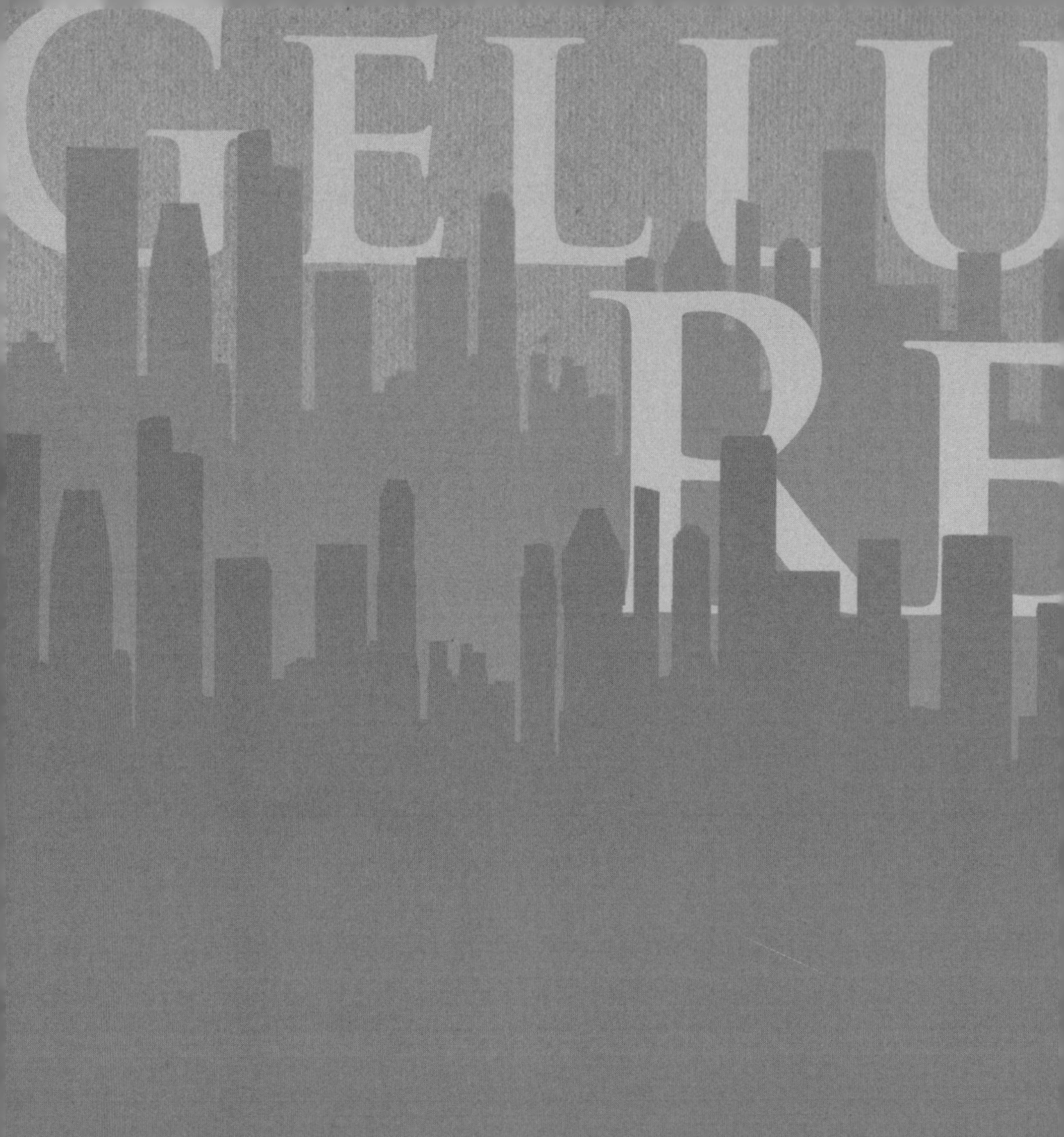

G . a . l . l . u . p .   R . e . p . o . r . t

》》》

파산의 길을 걷다

갤럽보고서에 따르면, 모든 국가가 직면해 있는 가장 다급하고도 긴급한 현안은 양질의 일자리 부족 현상이다. 미국 역시 일하고 싶어 하는 사람들에게 제공할 수 있는 양질의 정규직 일자리가 충분하지 못한 상황이다.

미국의 가장 긴급한 현안이 의료비 문제라고 생각하는 사람도 있을 것이다. 그러나 사실은 그렇지 않다. 의료비가 인체에너지와 경제를 지속적으로 피폐화시킬 심각한 문제인 것은 맞지만, 가장 중대한 문제는 아니다.

'고삐 풀린' 정부 지출이 가장 긴급한 현안이라 믿는 사람도 있을 것이다. 그러나 그렇지 않다. 향후 몇 십 년간 미국 경제를 계속 좀먹을 거대한 문제인 것은 맞지만, 그것이 가장 중대한 문제인 것은 아니다.

글로벌 테러리즘이 가장 긴급한 도전이라고 생각하는 이도 있을 것이다. 그러나 사실은 그렇지 않다. 테러리즘은 뚜렷한 해결책을 요하는 중요한 문제이지만, 가장 중대한 문제인 것은 아니다. 솔직히 가장 중대한 문제 근처에도 가지 못한다.

환경 악화가 가장 긴급한 현안이라 믿는 이도 있을 것이다. 그러나 그렇지 않다. 손을 쓰지 않고 그대로 둔다면 환경 악화가 인류를 파괴시킬 수 있는 커다란 문제이지만, 그것이 오늘 당장, 심지어 내년에 당장 인류를 뒤흔들 문제인 것은 아니다.

천천히, 그러다가 급작스럽게 국가를 무너뜨릴 수 있다는 점에서, 이러한 문제들 가운데 어느 것도 양질의 일자리만큼 중요한 문제는 없다. 다른 문제들은 바로 코앞에 닥친 문제들이 아니기 때문이다. 양질의 일자리가 충분히 확보되지 않는다면, 미국도 파산할 수밖에 없다.

그렇다면 국가적 차원에서는 파산한다는 것이 어떠한 형태를 띨까? 디트로이트의 파산을 보자. 디트로이트의 파산이라는 경제적 재앙이 전역으로 확산되는 모습을 상상해보라. 캘리포니아주를 보자. 캘리포니아는 연금을 지급하지 못하고, 결국 파산을 선언하게 될 것이다. 많은 근로자들이 일자리를 잃고, 채권자들은 자금을 회수하지 못하게 될 것이다. 그것은 일리노이주와 미시건주도 마찬가지이다. 파산한다는 것은 포기한다는 것이고, 약속을 지키지 않는다는 것이다. 그것은 은행들이 당신을 포기한다는 것이고, 당신과 당신 회사에 더 이상 돈을 빌려주지 않는다는 것이다. 그것은 당신이 보유한 소중한 것들을 매각할 수밖에 없다는 의미이다.

GDP가 줄어들고 일자리를 찾을 수 없게 된다면, 미국은 파산할 것이다. 국가가 한 번에 한 기업씩, 한 시민씩 파산시키다가 급기야 가루가 되어버릴 것이다. 그리고 실제로 현재 그런 일이 일어나고 있다. 미국이 파산하고 있기 때문에, 당신과 나, 그리고 우리 친구들과 친지들이 이제 파산의 길을 걷고 있는 것이다.

깊은 상처를 남기다

이 모든 일이 일어나고 있는 이유는 일자리와 GDP가 공생관계에 있기 때문이다. 일자리와 GDP는 서로가 서로의 원인이자 결과이고, 일자리가 GDP를 증가시키고 GDP가 일자리 창출하는 상생관계에 있기 때문이다. 이것은 닭이 먼저냐 달걀이 먼저냐는 문제와 크게 다르지 않다. 따라서 GDP의 조속하고 현격한 성장이 없으면, 미국은 현저한 일자리 증가를 경험할 수 없다. 그리고 신속한 일자리 증가가 없으면, 미국은 의미 있는 GDP 성장을 경험하지 못할 것이다.

미국의 GDP는 성장을 멈춘 상태이다. 그러므로 실업과 불완전고용underemployment이 2008년 9월 이래 큰 폭으로 증가한 것은 그리 놀라운 일이 아니다. 이 글을 집필하던 시점에, 미국노동부는 실업률이 약 10퍼센트에 이른다고 발표했다. 갤럽의 조사 결과도 다르지 않았다. 실업이 약 10퍼센트에 달하는 것으로 집계되었던 것이다. 다만 다른 것이 있다면, 갤럽은 불완전고용에도 주목했다는 것이다. 갤럽 조사에 따르면, 불완전고용은 20퍼센트에 육박했다.

불완전고용에는 실업자들 뿐 아니라, 정규직을 원하지만 임시직으로 일하고 있는 사람들도 포함되어 있다. 미국 정부는 일주일에 적어도 1시간 이상 근무하고 그 대가를 받으면 취업자로 분류한다. 그러므로 내가 실직 상태의 엔지니어라고 해도, 한 시간 이상 잔디 깎는 일을 하고 그 대가로 20달러를 받는다면, 비록 내가 그 주에 한 일이 잔디 깎는 일밖에 없었다고 해도 정부는 나를 취업자로 보는 것이다. 갤럽 경제 통계 자료에서는, 한 시간 동안 잔디 깎는 일을 했어도, 내가 원하는 것이 정규직이라면, 나를 "불완전고용"으로 분류한다.

게다가 일하고 싶지만 일자리를 구할 가능성이 없어서 구직을 포기한 사람들을 미국 정부는 실업자로 분류하지 않는다. 미국

정부는 미국인구조사국the U.S. Census Bureau에서 매달 6만 가구를 대상으로 실시하는 설문조사 자료를 바탕으로, 공식적인 실업률을 계산하고 있다. 반면 갤럽은 매달 3만 가구를 대상으로 설문조사를 실시하여 여섯 가지 범주의 고용 통계를 내고 있다. 갤럽과 정부 모두 (측정하고자 하는 바가 다를 뿐) 측정하고자 하는 바를 정확히 측정하고 있다.

이 점을 기억하고 본격적으로 문제를 살펴보자. 미국의 인구는 3억 명이 조금 넘는다. 집안일 이외의 일자리를 원하는 1억 5000만 명이 넘는 미국인들 가운데 1500만 명이 실업 상태에 있고, 1500만 명은 불완전한 고용 상태에 놓여 있다. 이것은 양질의 일자리를 구하지 못한 미국인이 총 3000만 명에 이른다는 얘기다. 갤럽의 경제 조사에 따르면, 그 3000만 명 가운데 1800만 명이 일자리를 구할 가능성이 없다. 또한 그들 가운데 상당수가 대출을 상환할 여력이 없거나, 자녀를 양육할 능력이 부족하거나, 면접을 받으러 가고 싶어도 자동차에 주유할 여유가 없다. 게다가 그들은 향후 그러한 상황이 달라지길 기대할 근거도 없다.

그것은 3000만 명의 미국인들이 자신이 이기지 못할 것이 뻔한 전쟁 – 즉 일자리 전쟁 – 을 치르고 있는 것과 같다. 그리고 희망이 없는 1800만 명은 그 전쟁의 사상자들이다. 그들은 전쟁을 치를 힘을 잃어 가고 있고, 일자리 전쟁에서 낙오하고 있다. 이것은 그들에게만이 아니라, 경제적으로도 심각한 일이 아닐 수 없다. 그러나 더 심각한 문제는 그들이 인생에서도 철저히 낙오하고 있다는 것이다. 실업은 미국 전역에 절망감을 확산시키고 있는, 가장 강력한 주요인이다.

그러므로 미국은 GDP에서 뒷걸음질 치는 한편, (당신이 앞으로 자주 듣게 될 용어인) 국민총행복(GNW: gross national wellbeing 국가의 발전 기준을 생산이 아닌, '행복'으로 삼아 국민의 삶의 질을 높이겠다는 부탄의 국정 운영 철학에서 비롯된 개념 – 옮긴이)에서도 고전하고 있다. 주로 국민이 느끼는 희망 혹은 절망으로 측정되는 국민총행복에서 말이다.

일자리 전쟁의 사상자들은 구직의 희망을 버리는 순간, 그 밖의 모든 것도 무너져 내린다. 그들은 건강 및 복지와 관련된 거의 모든 여건이 악화되고 있다고 더욱 불평하게 될 것이다. 그들은 육체적으로 더욱 고통 받게 될 것이고, 불면증에 보다 시달리게 될 것이며, 의학적으로 우울증을 앓을 가능성이 높아질 것이다. 또한 그들은 화를 내는 횟수가 잦아질 것이고, 일반적으로 병원을 찾을 일도 많아질 것이다. 실업 상태가 18개월을 넘어가게 되면, 사람들은 친구들, 지역사회, 그리고 가족들과의 교류가 없어지게 된다. 실업이 장기화되면, 삶에서 벌어질 수 있는 최악의 일들이 모습을 드러내기 시작한다.

그러나 그것이 전부가 아니다. 이러한 부상자들은 시간이 지나도 완벽히 회복하지는 못할 것이다. 그들은 잠재적으로 평생에 걸쳐 생산하리라 예상되는 생산량을 채우지 못할 것이다. 또한 그들은 한 때 적극적으로 참여했던 매우 귀중한 지역사회 활동들-다시 말해 어린이 야구 리그에서의 코치 활동, 고등학생들의 멘토 역할, 병원에서 자원 봉사 활동, 혹은 교회 지원 단체의 리더 역할 같은 지역사회 활동-로부터 멀어지게 될 것이다.

모든 실업은 개개인이 각 사회 및 국가와 맺고 있는 관계를, 그리고 그 다음에는 각 문화와의 관계를 영원히 바꾸어 놓는다. 20퍼센트의 실업과 희망을 잃은 1800만 명의 국민들이 한 국가의 사회 조직을 구조적으로 변화시키고, 마치 막대한 국채처럼, 벗어나기 위해 몸부림쳐야 하는 암울한 미래를 만들어낼 것이다.

이번 침체는 과거의 침체보다 미국 사회에 더 뚜렷한 상처를 남길 것이다. 과거보다 더, "나의 일"이 바로 "나의 정체성"으로 이어지기 때문이다. 따라서 이번 상처가 더 깊고 색다를 수밖에 없다.

분명 양질의 일자리를 구하는 것은 단순히 보수의 문제가 아니다. 만약 당신이 양질의 일자리-즉 무한한 성장 기회를 제공하고, 상사가 부하직원의 발전에 관심을 기울이며, 당신의 목적의식과 사명감을 고취시키는 일자리-를 구한다면, 지금 이 시대에 당신이 누릴 수 있는 최고의 삶을 경험하게 될 것이다. 반대로, 불행하게도 6개월 농안 일자리를 구하지 못한다면, 혹은 참혹하게도 18개월 이상 실직 상태라면, 세상 어디에 있든 당신은 최악의 삶을 경험하게 될 것이다.

그렇다면 일자리를 창출하는 것이 매우 어려운 이유는 무엇인가?

일자리는 한 국가의 마음이고 영혼이다. 모든 이를 지탱시켜 주는 마음과 영혼 말이다. 리더들은 그러한 사실을 알고 있다. 그러나 어디서 그리고 어떻게 일자리를 창출해야 할지 알고 있는 사람은 거의 없다. 특히 일자리를 창출하는 방법을 자신이 알고 있다고 생각하는 이들, 즉 정부와 학계, 온갖 기관의 전문가들은 어디서, 어떻게 일자리를 창출할지 모르고 있다. 보통 그들이 일자리 창출과 관련해 가장 잘못된 시각을 갖고 있다. 그래서 그들은 종종 헛다리를 짚는다.

파이의 크기를 키워라

GDP는 매우 중요한 잣대이다. 비즈니스가 성장하고 소비자 지출이 증가하면, GDP는 성장세를 보인다. GDP는 일 년 동안 한 국가에서 이루어진 모든 생산과 소비의 총합이기 때문이다. 미국 GDP의 70퍼센트를 차지하고 있는 것도 바로 이러한 소비 지출이다.

그러므로 당신이 사업을 하고 있다면, GDP를 매출top-line sales 혹은 총수입total revenue으로 생각할 수도 있다. GDP가 성장세를 보이면, 새로운 일자리가 창출되고 고용이 증가하기 때문에 모든 것이 호조를 띠기 시작한다. 사람들은 월급봉투가 두둑해지고, 자신의 직장생활에 자부심을 갖게 되며, 모든 이가 지출을 늘리게 된다. 모든 이가 가능한 빨리 온갖 종류의 재화와 서비스를 교환하게 된다.

미국의 GDP는 약 30년 동안 지속적으로 성장했다. 그것은 주로 진취적인 기업가들과 혁신가들의 노력에 힘입어, 첨단 기술 기업들의 비즈니스 모델이 폭발적으로 증가했기 때문이다.

그러나 60년만의 최악의 경기 침체의 경우처럼 GDP가 하락할 경우 근로자들은 모든 것이 어긋나기 시작할 것이다. 온갖 기관들과 기업들이 지출을 줄이고, 차입을 중단하며, 더 이상 위험을 무릅쓰려 하지 않을 것이다. 그들은 살아남기 위해 연구개발비, 미게딩비, 광고비 등의 지줄을 대폭 줄이고, 채용 및 출장을 전면 중단하기 시작할 것이다. 임금 같은 기본적인 지출에 쓸 수 있는 자금이 부족해지기 때문에, 일자리가 없어지고 근로자들이 해고를 당하게 될 것이다. 상황이 급격히 험악해질 것이다.

바로 지금 미국이 처해 있는 상황이 그러하다. 향후 미국의 상황은 더 악화될 것이고, 그렇게 되면 중국이 기꺼이 미국을 대신할 것이다.

미국의 GDP는 지금까지 세계 최대였다. 미국의 경제 규모 역시 세계 최대이다. 미국인들 가운데 이러한 사실을 알고 있는 이는 거의 없다. 갤럽 조사에 따르면, 미국인들 가운데 52퍼센트가 오늘날 세계 제1의 경제 대국으로 미국보다 중국을 꼽았다. 이것은 그릇된 인식이다. 만약 그것이 사실이라면, 미국은 지금 헤아릴 수 없을 정도로 혼란한 정국에 빠져 있을 것이다. 미국의 GDP는 거의 15조 달러에 이르고, 중국의 GDP는 6조 달러에 달한다. 그 격차가 점점 줄어들고 있기는 하지만, 중국의 가구당 연평균 소득은 1만 달러가 조금 넘는 반면, 미국의 가구당 연평균 소득은 8만 4천 달러가 넘는다.

【세계 GDP 상위 25개국】   (2010년 현재)

1위	미국	14조 6200억 달러
2위	중국	5조 7450억 달러
3위	일본	5조 3910억 달러
4위	독일	3조 3060억 달러
5위	프랑스	2조 5550억 달러
6위	영국	2조 2590억 달러

7위	이탈리아	2조 370억 달러
8위	브라질	2조 240억 달러
9위	캐나다	1조 5640억 달러
10위	러시아	1조 4770억 달러
11위	인도	1조 4300억 달러
12위	스페인	1조 3750억 달러
13위	오스트레일리아	1조 2200억 달러
14위	멕시코	1조 40억 달러
15위	대한민국	9863억 달러
16위	네덜란드	7703억 달러
17위	터키	7291억 달러
18위	인도네시아	6951억 달러
19위	스위스	5224억 달러
20위	폴란드	4700억 달러
21위	벨기에	4613억 달러
22위	스웨덴	4446억 달러
23위	사우디아라비아	4344억 달러
24위	대만	4270억 달러
25위	노르웨이	4135억 달러

풍부한 경험을 지닌 기업간부들과 정치가들, 관료들, 그리고
MBA 과정을 밟고 있는 학생들에게 나는 미국의 현재 GDP를 알

고 있는지 종종 물어본다. 놀랍게도 그들은 대개 GDP가 어느 정도인지 모른다. 그들은 러시아, 일본, 영국, 독일 혹은 유럽연합의 GDP는 말할 것도 없고, 미국이나 인도의 GDP도 거의 알지 못한다. 물론 아프리카에 대해서는 더 모른다.

그러나 한 나라의 GDP는 가장 중요한 선행지표이다. GDP가 증감하면, 일자리와 지출, 과세표준 그리고 다른 모든 것도 따라서 증감한다. 규모가 중요하지만, 동향 역시 중요하다. 미국과 중국을 보았을 때, 미국의 GDP 규모가 훨씬 크지만 현재 연 2퍼센트의 매우 낮은 성장률을 보이고 있는 반면, 중국의 GDP 규모는 훨씬 작지만 매년 10퍼센트에 육박하는 높은 성장률을 보이고 있는 것이 매우 중요한 의미를 갖는 것도 이 때문이다. 이변이 없으면, 이것은 30년 내에 중국의 GDP가 미국의 GDP를 크게 추월할 것임을 의미한다. 6조 달러는 30년에 걸쳐 10퍼센트씩 (이자가 이자를 낳는 것처럼 성장이 성장을 낳는) 복리 방식으로 증가하고, 15조 달러는 동일 기간에 걸쳐 2퍼센트씩 복리 방식으로 증가한다면, 6조 달러가 15조 달러를 쉽게 앞지르게 될 것이다.

그 때에는 중국의 새로운 GDP가 세계를 이끌게 될 것이다. 중국의 새로운 경제가 세계를 리드하게 될 것이다. 중국이 자유주의국가이든 아니든, 세계의 새로운 리더가 될 것이다.

GDP 순위가 바뀌면, 미국은 더 이상 세계의 경제 리더로 군림

할 수 없게 될 것이다. 미국이 현재 리더로서 권위를 존중받고, 도덕적·경제적으로 영향력을 행사할 수 있는 것이 모두 현저한 경제적 우위 덕인데, 더 이상 경제적 우위를 점할 수 없게 된다면, "세계 최고의 일자리 보유 국가" 그리고 "자유세계의 리더" 라는 위치 역시 잃어버릴 수밖에 없다.

이것이 모든 판도를 바꾸어 놓을 것이다.

다른 자유 국가들과 비자유국가들의 리더들은 더 이상 미국의 의견을 따르려 하지도, 미국의 승인을 받으려 하지도 않을 것이다. 그들은 미국의 도덕적 권위나 그것을 무시함으로써 초래될 결과를 겁내지 않을 것이다. 미국이 돈줄을 틀어쥐고 있지도 않고, 최대 군사 강국도 아니기 때문에, 그들이 지지를 얻어내기 위해 미국에 고개를 돌리는 일이 점점 줄어들 것이다. 미국이 경제적 우위를 지켜내지 못한다면, 국가방위와 세계안보를 위해 매년 지출하고 있는 1조 달러의 예산 – 이것은 세계 군비 지출 상위 10개국들의 군 예산을 합친 것보다 많은 금액이다 – 도 확보하지 못할 것이다. 거의 모든 측면에서, 세계가 미국의 결정을 전적으로 따르는 일은 더 이상 없게 될 것이다.

이미 곳곳에서 이런 일들이 일어나고 있다. 예를 들면 아프리카와 브라질의 경우 경제적 리더십을 기대할 때 미국 못지않게 중국에 고개를 돌리고 있다. (미국의 주요 무역 파트너인) 캐나다,

멕시코, 그리고 영국을 포함헤, 모든 국가에서 갑자기 이러한 상황이 벌어진다고 상상해 보라.

GDP 성장이 둔화된다는 것은 미국이 재정 지원 혜택을 제공할 재원이 부족해진다는 것을 의미한다. 다시 말해 사회보장연금, 메디케어(Medicare: 연방정부가 운영하는 65세 이상 고령자와 장애인을 위한 의료 보험 제도-옮긴이), 메디케이드(Medicaid: 재산이 거의 없는 저소득 고령자를 위해 주정부가 운영하는 의료 보험 제도-옮긴이), 공립학교, 대학, 지방 경찰 및 소방관, 연금기금, 그리고 수백만 명의 퇴직 공무원들의 의료비에 쓸 수 있는 재정이 부족할 뿐 아니라, 도로 및 다리 건설비, 중대한 연구개발비, 그리고 이겨야만 하는, 그러나 결코 끝이 있을 수 없는 경쟁-예를 들면, 우주 경쟁, 기술 경쟁, 의료 경쟁, 환경 경쟁-에 소요될 경비 역시 감당하지 못하게 될 것이다. 모든 것이 '전지전능한' GDP와 관련이 있기 때문에, 미국의 모든 것이 서서히 그러다가 어느 순간 급작스럽게 무너져 내릴 것이다.

경기가 침체되고 구직 환경이 나빠지면 과세 기반이 약화되어, 미국 정부는 모든 것을 지원하고 있는 세원의 감소를 겪게 될 것이다. 그리고 상황은 빠른 속도로 악화될 것이다. 놀랍게도 스마트한 나의 동료들과 친구들 가운데 경기가 나빠지면 국가가 무너질 수 있다는 것을 아는 이가 드물다. 경기가 악화되면 구직 환경이 나빠지고 구직에 실패하면 GDP가 감소한다. GDP가 나빠지면, 정부와 기관들, 그리고 사회생산기반이 약화될 것이다. 일자리와 GDP 성장은 닭과 달걀의 관계이다.

미국의 유일한 진정한 해결책은 GDP라는 파이의 크기를 키우는 것이다. 이것은 다른 국가들에도 해당되는 이야기이다. GDP라는 파이가 커진다는 것은 일자리가 늘어난다는 것이다. 파이가 커질수록, 양질의 일자리도 늘어날 것이다. 이것은 더 이상 설명이 필요 없는 얘기이다. 보수주의자든 진보주의자든, 대부분의 경제학자들은 이것이 최선의 해결책이라는데 동의할 것이다. 그러나 미국이 혁신에, 또 다른 돌파구에 대한 희망에 무작정 수십억 달러를 쏟아 부을 수는 없다.

이것이 워싱턴연방정부와 거의 모든 선의의 정치인들, 그리고 주州정부의 리더들이 잘못된 선택을 하고 있는 이유이자, 그들이 잘못을 저지르고 있는 지점이다.

정부지원금의 3분의 1을 줄여라

설상가상으로, 너무 많은 시민들이 환상에 빠져 있다. 그들은 정부가 재정을 풀어 자신들을 구하리라 생각하고 있다. 그러나 유감스럽게도 정부는 돈이 없다. 돈을 갖고 있는 것은 국민들과 기업들이다. 그러므로 비정부기관에서 일하는 미국인의 수가 압도적으로 많아지지 않으면, 미국은 파산을 면치 못할 것이다.

10년 전까지 미국 경제는 믿을 수 없는 성장을 거듭했다. 그것은 30년 동안 세계의 나머지 국가들이 거둔 성장을 훌쩍 넘어서는 것이다. 또한 미국은 거의 모든 것을 부담할 수 있는 과세 기반을 갖고 있었다. 미국은 자국의 욕구뿐 아니라, 다른 국가들의 욕구도 충족시킬 경제적 여력을 항상 갖고 있었다. 미국은 세금을 부과할 수 있는, 막대한 영업이익과 개인소득을 보유하고 있었기 때문에, 어디든 재정을 쏟아 부을 수 있었다. 물론 그것은 미국이 압도적 차이로 세계 제1의 경제 대국이 된 결과였다.

GDP가 감소하면 세수가 줄어들기 때문에, 미국 정부가 모든 것을 위해 쓸 수 있는, 손에 쥔 돈도 줄어들 수밖에 없다. 그 근본원인을 따져보면, 그것은 미국 시민들이 새로운 사업을 부화시키고 못하고 사업을 키울 자신감도 잃었기 때문이다. 그러므로 미국은 일반적으로 사업이 창출하는 새로운 일자리들도, 세금을 부과할 수 있는 소득도 확보할 수 없는 것이다.

미국인들은 중소업체들이 미국의 일자리의 대부분을 책임지고 있다는 것을 거의 알지 못한다. 사실 대기업들은 새로운 일자리들을 그리 많이 창출하지 못한다. 지난 20년 동안 미국에서 창출된 새로운 일자리들은 거의 중소업체들이 창출한 것이었다. 미국의 대기업들이 경제생태계에서 매우 중요한 이유는 많은 인력

을 고용하고 있어서이기도 하지만, 더 큰 이유는 그들이 중소업
체들의 주요 고객이기 때문이다.

사실 조세 기반 확대에 주로 영향을 미치는 것은 직원 규모
500명 이하의 기업들이고, 그보다 더 큰 영향을 미치는 것은 직
원 규모 100명 이하의 기업들이다. 중소업체들이 위대한 미국의
방식을 재정지원하고 있는 것이다. 이 간단한 사실을 알고 있는
리더가 거의 없다. 그러므로 미국의 중소업체들이 성장하지 못
하면, 점점 늘어나고 있는 공공서비스 경비와 정부 정책 자금을
충당하기 위해, 워싱턴연방정부로 보낼 많은 세수가 사라지게
된다.

2007년 당시, 미국에는 적어도 한 명 이상의 직원을 고용하고
있는 사업체가 600만 곳 정도 있었다. 그중 직원 수가 500명 이
하인 업체가 99퍼센트 이상이었다. 직원 수가 100명에서 500명
사이인 업체 수는 8만 8000개 남짓 되었고, 500명에서 1만 명 사
이인 업체수는 약 1만 8000개였으며, 직원 수가 1만 명이 넘는
업체는 1000개 정도밖에 되지 않았다. 그렇다, 이제 그들이 미국
의 패기 있는 새로운 용병들인 것이다. 그들이 성공한다면, 미국
은 모든 전쟁에서 승리할 것이다.

대부분의 사람들이 생각하는 것보다 미국에는 대기업들이 훨
씬 적다는 것을 알아야 한다. 많은 이들이 '대기업들'이 미국을

좌우하고 있다고 생각한다. 그러나 진정으로 미국을 지배하고, 미국을 돌아가게 하는 것은 중소기업들이다.

따라서 중소기업들이 기적처럼 생겨나서 전례 없이 성장하지 않는다면, 지방자치단체들과 연방정부의 (조세로 채워진) 곳간들, 그리고 모든 재정 지원 혜택들과 정부 프로그램들 - 미국 전역에서, 그리고 각 주들과 도시들에서 운영되고 있는 수없이 많은 프로그램들 - 모두를 계속 유지하려면, 그 규모를 극적으로 줄여야 할 것이다. 머지않아 사회보장연금을 3분의 1 정도 삭감해야 할 것이다. 메디케어와 메디케이드도 3분의 1 가량 줄여야 할 것이다. (주, 시, 군을 포함해) 지방자치단체와 연방정부의 일자리도 3분의 1 정도 줄여야 할 것이다. 그리고 국방 예산도 3분의 1 정도 삭감해야 할 것이다.

이것이 미국의 현 주소이다. 워싱턴연방정부의 세수는 약 2조 6000억 달러인데 반해, 지출은 약 3조 7000억 달러인 것이다.

물론 이러한 혼란에서 일시적으로 벗어날 방법은 있다. 바로 세금을 올리는 것이다. 미국인들은 기꺼이 세금을 더 낼 것이다. 갤럽 조사에 따르면, 미국인들은 각종 재정 지원 혜택이 줄어드는 것보다 세금을 더 내는 것이 낫다는 생각을 갖고 있다. 하지만 이러한 미봉책은 문제점이 있다. 국민들과 중소기업들이 더 많은 세금을 부담하게 되면, 정부의 지출 여력이 증가한다고 해도, 그들이 쓸 돈이 줄어든다는 것이다. 소비 지출이 줄면, 업체들은 사업 확장 및 고용을 줄일 수밖에 없다.

또한 갤럽 조사에 따르면, 미국인들 가운데 47퍼센트가 부자들에게 세금을 부과하는 방안에 찬성하고 있다. 이 역시 장기적인 해결책은 아니다. 누구에게 묻느냐에 따라 차이가 있기는 하겠지만, 일반적으로 "부자"란 가구당 연간 소득이 25만 달러 이상인 사람들이다. 대부분의 경우 이러한 부자들 가운데 다수가 대기업이 아니라, 중소기업을 소유하고 있거나 그곳에서 일하고 있으며, 자신감이 넘칠 때 자신이 갖고 있는 재산을 회사에 재투자한다.

그들은 자신이 갖고 있는 자금을 동원하여 계속 기업을 운영한다. 그 덕에 근로자들은 계속 일을 할 수 있고, 그 결과 그들은 계속 소비할 수 있으며, 그 덕에 기업들은 계속 제 기능을 다할 수 있고, 결과적으로 GDP는 계속 성장할 수 있다. 사업 소득세를 올릴 경우 소비자가 사고 싶어 하는 제품 개발을 위한 투자는 줄어들 수밖에 없고, 일자리 창출을 위해 그리고 연구 개발을 위해 사용되어야 할 자금이 감소할 수밖에 없다.

여기서 한 가지 주목할 점은 모든 돈이 어떤 식으로든 소비된다는 것이다. 유감스럽지만 이러한 사실을 아는 이가 거의 없는 것 같다. 당신이 쓰던, 기업이 쓰던, 아니면 정부가 쓰던, 결국 모든 돈이 소비된다.

　하지만 모든 일자리 창출 방안이 상당한 소비 지출을 필요로 한다는 점을 깨달아야 한다. 그렇지 않으면 GDP가 감소하기 때문이다. 미국은 세수를 줄이는 동시에, 기업의 생산을 증대시켜야 한다. 그래야 일자리가 늘어날 것이고, 모든 이가 상점에서 무엇인가를 구매하고, 집을 수리하고, 낚시 장비를 살 수 있는 경제적 여력을 갖게 될 것이다. 미국 GDP 가운데 70퍼센트가 이러한 소비 지출을 토대로 하고 있다. 그러므로 소비자들의 실소득이 줄면, 어쩔 수 없이 그들의 지출이 줄어들 것이고 그 결과 GDP가 감소할 것이다.

　그리고 낚싯대를 구입하는 개인과 마찬가지로, 중소업체들 역시 소비자라는 것을 잊지 말아야 한다. 이들은 사업을 꾸려나가는데 필요한 온갖 제품들을 구매한다. 이들이 GDP의 70퍼센트에 지속적으로 활력을 불어넣는 역할 역시 하고 있는 것이다.

　일자리 성장과 관련해 유념해야 할 한 가지 중대한 사실은 어떤 식으로 파이 크기를 줄일지 그 방법을 달리한다고 문제가 달라지지는 않는다는 것이다. 정부가 여기서 세수를 늘리는 대신 저기서 세수를 줄이는 방식으로는 결코 세수 부족 문제가 해결될 수 없다는 말이다. 어쨌든 세금을 너무 많이 올리는 것으로는 일자리를 창출할 수 없다.

정부가 눈덩이처럼 불어난 적자를 줄이고, 고삐 풀린 지출을 중단하는 것으로는 충분하지 않다. 국가가 빚과 경비에 깔려 죽기 전에, 이런 조치들이 취해져야 한다. 하지만 그런다고 일자리가 증가하지는 않을 것이다.

적자 지출을 하는 것은 보다 극적인 충돌을 향해 달려가는 폭주기관차에 연료를 공급하는 것이나 마찬가지이다. 이것이 바로 재정 지원 혜택의 증가로 그 비용 부담은 크게 증가한 반면, 그것을 뒷받침할 GDP는 거의 증가하지 못한 결과로써, 미국이 현재 올라 있는 궤도이다. 미국은 현재 더 많은 빚을 내어 가까스로 파산을 막아내고 있다.

그러므로 주州정부와 지방자치단체, 그리고 연방정부로부터 급여수표를 받는다면, 당신은 수표 결제를 받지 못할 뿐 아니라, 각종 생활 보조금 및 연금도 받지 못할 위험이 있다. 이 글을 집필하고 있는 현재, 공립학교들의 교사 자리 및 정부기관의 다양한 일자리들이 줄어들고 있다. 이것은 기업들이 움츠러들면서 그들로부터 거두어들이는 세수가 줄어들고 있기 때문이다.

대부분의 미국인들이 이러한 현실을 제대로 이해하지 못하고 있기 때문에 당신은 곧 다음과 같은 말들을 듣게 될 것이다.

"어렵게 얻어낸 정부 보조금이 대폭 줄어버렸습니다." 처음에는 이 말을 간헐적으로 듣겠지만, 시간이 갈수록 매일 같이 듣게 될 것이다. 그것은 GDP가 성장하지 않으면, 일자리 창출이 이루어질 수 없기 때문이다. 그 결과 모든 것을 뒷받침하고 있는, 한때 엄청났던 조세 기반이 크게 줄어들게 될 것이고, 그로인해 정부는 정부 보조금을 포함해 각종 공공 서비스를 3분의 1 정도 삭감할 수밖에 없게 될 것이다.

기업이 이익을 많이 올릴수록, 투자자는 보다 높은 수익을 거둔다. 그리고 투자자들 가운데 상당수가 개인이 아니라, 퇴직연금 운영기관들이다. 어떤 기업의 가치가 올라가면, 모든 사람이 조금씩 더 안전해지고 더 부유해진다. 그것은 모든 이가 다른 모든 이에게 돈을 조금씩 분산투자하고 있기 때문이다. 모든 돈과 일자리는 서로 밀접히 연결되어 있다. 그것은 공기 속의 산소와 같다. 모든 이가 들이마시고 있는 동일한 공기 속의 산소 말이다. 경기 침체가 투자 계획들을 무너뜨리고, 미국의 GDP를 감소시키는 것도 그 때문이다. GDP는 당신의 매출이나 수표책checkbook과 같다.

"아무도 우리 부모님의 병원비를 대신 내주지 않습니다." GDP가 제자리걸음을 하면, 중소기업으로부터 거두어들였던 세수가 줄어들 것이다. 그 결과, 당신의 부모님은 (납세자들이 재정 지원해온) 의료 서비스를 더 이상 온전히 받지 못하게 될 것이다. 정부는 재정 지원 혜택을 3분의 1 가량 줄여야 할 것이다. 메디케어와 메디케이드가 부담하는 의료비가 줄어들면서, 그 나머지를 당신의 부모님 스스로가 부담하게 될 것이다. 당신이 나이가 들면, 상황은 더욱 나빠질 것이다.

"누가 우리의 사회보장연금 적립금을 훔쳐갔습니까?" 만약 중소업체들로부터 거둬들였던 세수가 크게 줄어든다면, 혹은 연금 지급에 필요한, 근로자와 퇴직자간의 비율을 맞추지 못한다면, 미국은 3분의 1 가량 사회보장연금 지급액을 줄여야 할 것이다. 물론 사회보장연금은 지금까지 적립방식(saving account: 급부금 지급에 필요한 자금 조달 방식에는 적립형과 부과형 두 가지가 있다. '적립형'은 자신이 적립하고 나중에 그 적립금을 가져가는 방식이고 '부과형'은 현재 세대의 급부금을 미래 세대가 부담하는 방식이다 - 옮긴이)을 취했던 적이 없다. 미국인들은 자신이 부은 것보다 많은 금액을 연금으로 수령해왔다. 많은 미국인들이 자신이 연금 수령액에 상당하는 금액을 혹은 그보다 많은 금액을 납부했다고 생각한다. 그러나 미국인들은 일반적으로 근로 기간 동안 자신이 납부한 것보다 훨씬 많은 금액을 수령하고 있고, 다른 근로자들이 그 부족액을 메우고 있다. 사회보장연금은 적립방식이 아니라, 부과방식transfer-of-income을 취하고 있다. 현재 한 명의 퇴직자를 뒷받침하기 위해 약 세 명의 근로자가 연방보험기금법Federal Insurance Contribution Act에 따라 세금을 부담하고 있다. 근로자와 퇴직자간의 비율이 3대 1로 유지되는 한, 이 제도는 유지될 것이다. 그러나 근로자와 퇴직자간의 비율이, 가령, 2대 1이 된다면, 이 제도는 삐걱거릴 것이다.

일자리가 줄어들수록, 사회보장연금을 재정저으로 뒷받침할 근로자 수도 줄어들 것이다. 그 결과 퇴직자들이 받는 급부금도 줄어들 것이다. 민주주의 제도에서, 이것은 중대한 문제이다. 민주주의 제도에서는 유권자들이 관료들을 선출하고, 유권자들의 지지를 얻어내야 하는 관료들은 이러한 사실을 말하고 싶지 않을 테니 말이다. 사회보장연금이 지금처럼 급부금을 지급할 수 없다고 말한다면, 그들은 선거에서 패배할 것이다. 미국의 민주주의 제도가 세계 최고인 것은 분명하지만, 여기서는 낙제점인 것이다.

한편 미국이 일자리 전쟁에서 제 발등을 찍고 있는 동안, 중국은 미국을 향해 활시위를 당기고 있다.

3장

용처럼 솟아오르는
차이나 파워

- 경제 질서가 재편되고 있다
- 세계 경제의 35퍼센트가 중국의 지갑으로
- 2040년 중국의 경제규모

G . a . l . l . u . p . R . e . p . o . r . t

》》》

경제 질서가 재편되고 있다

현재 경제 예언들에 따르면, 30년 뒤에는 중국의 GDP
가 미국의 GDP를 크게 앞지를 것으로 보인다. 물론 이견이 있긴
하지만, 그리 많지는 않다. 이미 앞에서 언급했던 것처럼, 2010
년 세계 GDP는 60조 달러가 넘었다. 그중 미국의 GDP가 약 15
조 달러였다. 그것은 당시 세계 경제 시장의 약 25퍼센트에 해당
하는 수치였다. 그리고 중국의 GDP는 거의 6조 달러였다. 그것
은 약 10퍼센트에 해당하는 수치였다.

당신은 향후 인도와 러시아가 어떻게 될지 궁금할 수도 있다.
그들 국가들이 괜찮은 성장률을 기록할 수도 있지만, 처음부터
격차가 너무 심해서 미국을 따라잡기는 어려울 것이다. 인도와
러시아의 GDP는 각각 1조 5000억 달러에 근접했다. 인도와 중
국이 종종 함께 거론되기 때문에, 사람들은 이러한 사실을 잘 모

르고 있다. 그들은 중국과 인도의 GDP 규모가 비슷하다고 잘못 생각하고 있다. 중국이 아니라, 인도가 주목해야 하는 국가라고 10년 간 주장해온 사람들의 판단은 적어도 당분간은 옳을 수 없다. 인도가 착실히 성장할 수도 있지만, 현재는 중국에 참패를 당하고 있기 때문이다.

2010년 현재 중국의 GDP는 인도의 GDP의 4배가 넘는다. 그리고 러시아보다는 3배, 브라질보다는 2배 이상 많다. 일본의 GDP는 5조 달러가 약간 넘으므로, 중국과 비슷하다. 그러나 일본 경제는 미국 경제보다 훨씬 더 침체되어 있는 상황이다. 독일의 GDP는 3조 3000억 달러로 그 뒤를 따르고 있다. 영국의 GDP는 2조 달러가 조금 넘고, 프랑스의 GDP는 2조 5000억 달러 남짓 된다. 그리고 영국과 프랑스는 두 나라 모두 침체되어 있다. 그리고 다시 말하지만, 미국의 GDP는 15조 달러로 세계를 선도하고 있지만 제자리걸음을 면치 못하고 있는 반면, 중국의 6조 달러에 달하는 GDP는 연간 10퍼센트에 달하는 성장률을 연속적으로 기록하고 있다. 세계 질서를 재편할 수 있을 정도의 역사적인 성장률을 기록하고 있는 것이다.

세계 경제의 35퍼센트가 중국의 지갑으로

향후 30년에 걸쳐, 세계 GDP가 연간 4퍼센트 가량 성장한다면, 세계 GDP는 총 200조 달러에 이르게 될 것이다. 사실 내가 살펴본 경제학자들의 주장에 따르면, 중국의 GDP가 2040년에는 70조 달러, 즉 세계 경제의 35퍼센트 수준으로 뛰어오를 것이다. 이들 경제학자들은 2040년에 미국의 GDP는 평균 2.5퍼센트 성장하여 약 30조 달러, 즉 세계 경제의 15퍼센트를 차지할 것으로 내다보고 있다.

만약 그런 일이 일어난다면, 미국은 패배할 것이다. 세계가 재편되고, 모든 것이 달라질 것이다. 중국이 세계를 지배할 것이다. 그러나 이를 위해 중국이 군사력을 동원할 필요는 없을 것이다. 중국의 GDP가 미국의 GDP를 앞지를 경우, 현재 미국보다 훨씬 큰 차이로 중국이 경제적으로 세계를 장악할 것이기 때문이다. 그 때는 중국이 세계의 새로운 리더가 될 것이다. 평화, 무역, 환경, 국경, 법규, 그리고 인권 같은 국가들 간의 현안을 결정할 때, 그들은 중국의 뜻을 따르게 될 것이다. '황금을 가진 자가 세상을 지배한다'는 새로운 황금률이 그 어느 때보다 설득력을 지니게 될 것이다. 그리고 GDP 규모가 가장 큰 국가가 황금과 더불어 양질의 일자리도 손에 넣게 될 것이다.

양질의 일자리는 GDP와 동반 성장하기 때문에, 이 모든 GDP 수치들을 이해하는 것이 매우 중요하다. 미국이 경제 엔진을 재가동하여 힘차게 질주하지 않는다면, 당신이 방금 읽은 모든 시나리오가 현실이 될 것이다. 또한 미국은 상상조차 할 수 없는 새로운 경제 시옥 속으로 빠져들 것이다.

상상하기 어려울 수 있지만, 디트로이트의 경험을 통해 (향후 도래할지 모를) 경제 지옥을 미리 엿볼 수 있다. 만약 GDP와 일자리가 계속 비틀거린다면, 미국의 크고 작은 수많은 도시들이 급작스럽게 디트로이트와 같은 사태를 겪게 될 것이다. 도시의 GDP 성장률이 내리막길을 걷고, 중소업체들은 문을 닫고, 대기업들은 워싱턴이나 외국 투자자들의 손에 넘어갈 것이다. 경제적으로 여력이 되는 기업들은 그 도시를 떠날 것이다. 대량 해고가 발생할 것이고, 없어진 일자리를 대신할 새로운 일자리가 생겨나지 않을 것이고, 감당할 수 없을 정도로 도시의 부채는 늘어날 것이다. 지역사회를 뒷받침하는 공무원직을 채용할 과세 기반이 줄어들고, 인재 유출이 파괴적일 정도로 심화되며, 불도저로 주택들이 철거될 것이다. 정부 지도자들 사이에는 부패가 확산될 것이다. 도시 전체가 경제 지옥으로 전락하는 것이다.

몇 십 년 전, 디트로이트는 세계에서 가장 부유한 도시 가운데 하나였고, 분명 최고의 도시였다. 그곳은 살기 좋은 곳이었고, 다양한 우수 기업들이 활동하기 적합한 곳이었다. 그러나 외국과의 치열한 경쟁과 현지 리더십의 부재로 인해, 디트로이트의 기업들과 정부, 그리고 (학교를 포함해) 지역사회의 모든 지원 체제가 궤도를 이탈했다. 그리고 고위층의 무능한 리더십이 그 아래로 전해지며 연쇄적으로 무능한 리더십을 불러일으켰다. 미국은 세계 최고의 도시 가운데 하나를 잃었다. 그것은 디트로이트 가 일본 및 독일과의 일자리 경쟁에서 패배했기 때문이다.

거시경제학 차원에서 디트로이트는 무엇이 잘못되었던 것일 까?

주로 비난의 대상이 되었던 것은 자동차회사들의 근시안적인 리더십과 경영, 그리고 비전이었다. 그들은 미국이 마치 영원히 세계 경제 챔피언 자리를 지킬 것처럼 회사를 운영했다. 그들은 아무도 개의치 않으리라는 생각에서 형편없는 차를 생산했다. 어쨌든 전후 세계의 모든 이가 미국 상품을 구매해야 했기 때문 이다. 소비자들은 선택의 여지가 없었던 것이다.

그리고 지나치게 공격적인 노조도 비난의 대상이 되었다. 그 들은 빅3 자동차회사의 나약한 경영진들을 마음대로 주무를 수 있으리라는 것을 알고 있었다. 노조는 고객으로서 섬겨야 하는 대상을 잘못 골랐다. 그들은 시장을 생각하기보다, 주로 근로자 들의 이익을 챙기는 회사를 만들었다. 새로운 일자리 및 GDP 전쟁에서 그들이 어떤 식으로 디트로이트를 경쟁력 없는 도시로 전락시키고 있는지, 경영진도 노조도 직시할 수 있는 통찰력을 갖고 있지 못했다. 그래서 디트로이트는 몰락했다.

2040년 중국의 경제 규모

1993년 노벨경제학상 수상자인 로버트 포겔Robert Fogel의 예언을 생각하면, 미국이 하나의 거대한 디트로이트로 전락할 수도 있다는 아이디어가 터무니없는 것만은 아니다. 그의 주장에 따르면, 2040년에는 중국의 경제 규모는 123조 달러에 이를 것이다. 그것은 2000년 세계 경제 산출량의 세 배가 넘는 수치이다. 중국이 시장의 40퍼센트, 미국이 14퍼센트, 그리고 유럽연합이 5퍼센트를 차지할 것이다. 포겔은 《포린폴리시Foreign Policy》에 기고한 기사에서 "이것이 향후 경제 패권의 모습이다."라고 적었다.

많은 경제 예측을 살펴보고 내가 할 수 있는 이야기는 포겔이 위와 같은 계산을 할 때 카페인을 과다 복용한 것이 아닌가 하는 생각이 들기는 하지만, 그래도 그는 매우 존경 받는 저명한 경제학자임에 틀림없다는 것이다. 어쨌든 세계에서 가장 인정받는, 거의 모든 경제학자들이 향후 30년에 걸쳐 미국을 큰 차이로 이길 절대적 우승 후보로 중국을 꼽고 있다. 미국이 다가오는 경제 전쟁에서 이기리라 생각하는 경제학자는 말 그대로 단 한 명도 없다.

그러므로 포겔의 주장이 (100퍼센트 진실이 아니라) 진실에 가까운 정도라고 해도, 그의 예언이 (완벽하게가 아니라) 거의 실현된다고 해도, 미국은 일자리 대전쟁을 피하지 못할 것이다. 미국에서는 실업과 불완전고용이 40퍼센트를 넘어설 것이다. 미국은 자유세계의 리더 자리를 잃을 뿐만 아니라 중국에 완전히 제압당할 것이다.

그리고 그것은 미국의 민주주의 실험의 종말이 될 것이다. 미국의 민주주의가 1776년부터 2040년까지는 먹혔지만, 그 후로는 중국의 시장경제에 기초한 공산주의에 제압당했다고 역사책들은 기록할 것이다.

'만약'이라는 것에 기대를 걸 수 없다면 말이다.

G . a . l . l . u . p .   R . e . p . o . r . t

>>>

만약에

　　만약에 경제 기적이 일어난다면, 미국은 중국에 제압당하지 않을 것이다. 미국인들은 나라 전체의 운명과 후손들의 미래를 이 한 가지 커다란 '만약'에 걸고 있다.

　많은 선구적인 사상가들처럼, 포겔은 그런 커다란 기적이 일어날 가능성을 열어두고 있다. 그는 이렇게 적었다. "어떤 일이든 일어날 수 있다. 예상치 못한 기술적 돌파구 역시 세상을 뒤흔들 수 있다." 그가 세상을 바꾸어놓을 '뜻밖의' 발명까지 예견할 수는 없다. 더 정확히 말하면, 유례없는 기업가정신이 세상을 바꾸어 놓을 순간까지 그가 예상할 수는 없는 것이다. 제2의 스티브 잡스Steve Jobs와 빌 게이츠Bill Gates, 멕 휘트먼Meg Whitman, 그리고 마크 저커버그Mark Zuckerberg의 등장을, 아니면 제2의 애플Apple과 마이크로소프트Microsoft, 이베이eBay, 그리고 페이스북

Facebook의 출현을 예견힐 만큼 그가 신통력을 발휘할 수는 없기 때문이다.

최고의 경제학자들의 알고리즘으로 설명할 수 없는 것은 미국인들의 미래의 희망이 어디에 있으며, 희망을 가질 이유가 있느냐는 것이다. 내가 보기에는, 현재의 이 경제적 악몽이 미래의 어느 날에 치유되는 것은 불가능해 보인다. 그러나 이 같은 경제적 악몽이 치유된 적이 있다.

선구적인 사상가들도 이러한 사실을 거의 알지 못한다. 미국은 과거에도 이와 같은 상황에 놓인 적이 있다. 이와 똑같은 상황에 말이다.

독일, 일본, 미국의 3국 전쟁

30년도 전에, 나는 텔레비전에서 보수주의 경제학자들과 진보주의 경제학자들이 출연하여 미국의 경제적 이점으로 작용하고 있는, 세계 GDP 1위라는 자리를 일본과 독일에게 빼앗기게 되리라 예측하는 토론회를 보고 있었다. 간단한 회귀방정식(regression equation: 경제행위의 인과관계를 과거의 통계를 기초로 추정하는 방정식 - 옮긴이)을 바탕으로, 그들은 일본과 독일이 날로 발전하는 우수한 제조 기술에 힘입어 미국의 경제 리더 자리를 빼앗으리라 예측할 수 있었다. 특히 일본이 말이다.

그들은 미국은 성장이 둔화되고, 일본과 독일은 급성장하리라 예측했다. 그 결과 미국은 세계 GDP 3위 국가로 밀려나고, 세계 리더 자리를 빼앗기고, 모든 곳에서 모든 것이 달라지리라 내다 보았다. 독일과 일본의 리더들은 1위 자리에 오르리라 확신했기 때문에 완전히 들떠 있었다. 미국인들이 뚱뚱하고 게을러졌다는 한 일본 관료의 주장이 세계 신문에 보도되기도 했다.

물론 그들의 예측은 빗나갔다. 미국은 경제 리더 자리를 내주 지 않았고, 그들이 예측했던 3조 8000억 달러가 아니라, 15조 달러의 GDP를 달성했다. 그것은 아무도 예상치 못한 커다란 도 약이었다. 미국은 패하지 않았을 뿐 아니라, 양질의 일자리 창출 과 GDP에서 예상치 못한 도약을 이루어냈다. 미국은 세계 GDP 3위 국가로 전락하지 않았다. 미국의 GDP는 일본과 독일의 경 제를 합친 것보다 더 커졌다. 미국은 최고의 경제학자들이 예측 한 성장률의 거의 5배에 달하는 성장률을 기록했다.

많은 이들이 예측했던 침체와 저성장의 늪에 미국은 빠지지 않 았다. 미국은 GDP를 증가시켰고, 양질의 일자리들을 창출했으 며, 자유세계의 리더로서 그들의 위상을 한층 강화시켰다.

아무도 그러한 미래를 예측하지 못했다. 사실상 미국의 경제학자들에서 마음 들떴던 일본인들과 독일인들에 이르는 모든 이가 틀렸다.

미국은 약자였기에, 미국이 마지막으로 거둔 30년간의 경제 승리는 불가능해 보였던 승리 가운데 하나였다. 그러나 당신은 이러한 사실을 어디서도 읽거나 보거나 듣지 못했을 것이다. 이것은 역사책에도 적혀 있지 않고, 정치학이나 MBA 교육 과정에도 포함되어 있지 않다. 그것은 230년 남짓한 미국 역사에서 미국이 승리한 가장 중요한 전쟁 중 하나였다. 그러나 아무도 그에 대해 말하지 않는다. 물론 그에 대해 연구한 이는 더욱 없다. 1970년부터 2000년 사이에 있었던 일자리 전쟁, 즉 미국과 일본, 그리고 독일 간의 3국 전쟁은 아무도 다루지도, 기록하지도 않은 전쟁이었다.

그럼에도 불구하고 베이비부머(Baby Boomer: 2차 세계 대전이후 베이비 붐 시대에 태어난 사람들 – 옮긴이)들은 일부 중요한 X세대(Generation X: 1960년 초에서 1970년대 중반에 태어난 세대로, 삶의 방향 감각을 상실하고 사회적 역할 의식을 못 느끼는 세대로 평가됨 – 옮긴이) 젊은이들과 함께 그 전쟁을 치렀고 승리를 거두었다. 그들은 인터넷 기술 기반의 모든 것을 상업화시켰고, 그것을 중심으로 무수히 많은 새로운 비즈니스 모델들을 창출했으며, 그것을 세계 전역으로 수출했다. 미국 전역에 수백만 개의 중소기업들과 대기업들 – 물론 주류를 이룬 것은 중소기업들이었지만 말이다 – 을 탄생시킨 것은 (아무도 예상치 못했던) 미국의 기업가정신과 혁신이었다.

세계 경제의 25퍼센트를 잽싸게 미국의 손에 쥐어준, 예상치 못한 30년간의 경제 호황은, 2차 세계 대전의 승리 못지않게, 미국에 자기방식대로 구세주 역할을 했다. 만약 2차 세계 대전이 미국과 민주주의를 구원했다면, 1970년에서 2000년까지 계속된, 뜻밖의 기술 기업 붐은 경제적으로 미국을 다시 구원했다.

가장 위대한 세대(the Greatest Generation: 가장 위대한 세대는 톰 브로커Tom Brokaw의 베스트셀러 《The Greatest Generation》에서 따온 용어로, 1911년과 1924년 사이에 태어난 미국인들을 일컫는다. 이 세대는 대공황의 어려움 속에서 자라나 2차 세계 대전에 참전했다 - 옮긴이)는 전쟁에서 일본과 독일을 이김으로써 미국을 구했다. 베이비붐 세대는 자유세계의 리더를 결정짓는 경제 전쟁에서 동일한 적, 즉 일본과 독일을 다시 이김으로써 미국을 두 번째로 구했다.

그러므로 지금 미국은 전적으로 동일한 위치에 서 있다. 전문가들이 미국이 일본과 독일이 아니라, 중국에 뒤처지리라 예측하고 있다는 점을 제외하면 말이다.

채워 넣지 못한 한 조각을 찾아라

30여 년 전, 고전 경제학자들의 예측이 틀렸던 것은 그들의 알고리즘과 공식이 제한되어 있었기 때문이다. 그들은 수많은 중소기업들과 대기업들의 기업가정신과 혁신이 손을 맞잡고 도처에서 싹트고 있는 것을, 그것이 GDP와 일자리의 연속적인 성장이라는 역사적인 기록을 만들어내리라는 것을 눈치채지 못했다.

이것은 '채워 넣지 못한 한 조각one missing piece', 즉 기업가정신과 혁신 - 한 가지 맹점, 한 가지 커다란 '만약에' - 이 경제학자들이 알고리즘에서 고려한 다른 모든 변수들보다 강력했음을 시사한다. 이것은 많은 것을 시사한다. 미래를 보는 전통적인 방식은 유감스럽게도 가장 중요한 변수를 고려치 못했던 것이다.

전통적인 혹은 고전적인 경제 공식이 통하지 않았던 이유는 한 가지 맹점 때문에, 즉 기업가정신을 미처 예상치 못했기 때문에, 계산에 넣었던 다른 모든 변수들이 무용지물이 되었던 탓이다.

그렇다고 미국인들이 좀처럼 일어나지 않고, 예상할 수 없으며, 기적과 같은 무엇인가에 희망을 걸어야 한다는 얘기가 아니다. 미국인들은 또 다른 인터넷의 출현을 기도하며, 요행을 기대해서는 안 된다. 미국인들이 해야 하는 것은 미국이 처해 있는 위험을, 고전 경제학의 예측 속에 내재해 있는 허점들을 깨닫는 것이다.

고전 경제학적 예측이 미래의 수많은 잠재적 결과들을 초래할 주된 동인들을 정확히 찾아낼 수는 없다. 이것이 고전 경제학이 30년 전에 그릇된 전망을 했고, 오늘날 또 다시 그릇된 전망을 할 수 있는 이유이다. 고전 경제학의 핵심 가정은 "과거에 이러했으므로, 미래는 이렇게 될 것이다"라는 것이다. 혹은 "사람들이 과거에 이러한 거래를 했으므로, 미래에 이러한 거래를 할 것이다"라는 것이다. 일반적으로 고전 경제학은 모든 것이 이대로 계속되리라 가정한다.

보통은 그러하다. 하지만 그렇지 않은 경우도 가끔 있다.

5장

고전 경제학 vs.
행동 경제학

- 행동 경제학에 주목해야 하는 이유
- 사소한 선택이 세상에 미치는 힘
- 새로운 비밀 무기
- 유일한 탈출구

G . a l l u p . R . e . p . o . r . t

›››

행동 경제학에 주목해야 하는 이유

고전 경제학은 사실상 생활 속의 모든 거래를 기록한 데이터의 집대성이라 할 수 있다. 당신이 태어나면, 누군가 그것을 기록한다. 그리고는 당신이 하는 다른 모든 것을, 특히 당신이 평생 사거나 파는 모든 것을 누군가가 기록한다. 당신의 치과 방문, 등급, 교통위반 딱지, 식료품점 및 쇼핑몰 방문과 구매 물품, 주식 매입, 휴가, 신용카드 구매, 전화요금, 그리고 당신이 시청하는 텔레비전 프로그램 등 기록 가능한 모든 것이 기록되고 있는 것이다.

살면서 당신이 거래하는 모든 것이 고전 경제학의 무한한 데이터 보관소에 기록되고 있다. 마지막으로 당신이 죽으면 그 역시 누군가가 기록할 것이고, 그 관찰 기록이 모든 이가 했던 모든 것을 기록해 놓은, 인류에 대한 모든 관찰 기록들에 추가될 것이다. 그리고 모든 것을 관장하는 데 이 수치들이 사용된다.

기본적으로 고전 경제학은 모든 이들의 일생에서 일어난 모든 거래들을 집대성해 놓은 학문이다. 그 모든 것들이 GDP를 구성한다.

고전 경제학을 이용하여 미래를 예측할 경우 맞닥뜨릴 문제는 GDP에 대한 가장 강력한 예측 변수가 이제 기업가정신과 혁신의 울타리 안에 있다는 것이다. 예측은커녕 알아보는 것조차 거의 불가능한 기업가정신과 혁신의 울타리 속에 말이다. 보이는 것보다 보이지 않는 것이 더 큰 비중을 차지하고 있다. 궁극적인 다음 질문에 대한 모든 답 가운데 가장 필요한 답이 이 보이지 않는 것 속에 위치해 있다.

30년 전 미국을 위기에서 구한 사건처럼, 기업가정신과 혁신을 갑작스럽게 증폭시킬, 뜻밖의 혁신적인 사건이 일어날 가능성은 얼마나 되는가?

이 질문에 대한 답을 우리는 행동 경제학에서 찾을 수 있다.

행동 경제학은 고전 경제학과 상충관계가 아니라, 보완관계에 있는 일련의 데이터를 제공한다. 리더들에 있어 행동 경제학의 데이터가 매우 중요한 의미를 갖는 것은 사람들이 무엇인가를 행하기 전에, 그리고 무엇인가를 구매하기 전에, 그들이 무슨 생각을 하고 있는지를 미리 수학적으로 추적하기 때문이다. 사람들은 어떤 마음이나 기분이 들어서, 혹은 어떤 태도나 가치관을 갖게 되어서, 무엇인가를 사거나 팔게 되는 것이다. 즉 무엇인가를 거래하는 것보다 특정한 마음이나 기분이 드는 것, 특정한 태도나 가치관을 갖는 것이 먼저라는 것이다.

따라서 행동 경제학에서는 리더십의 중대한 돌파구는 사후가 아니라, '사전'에 전략 및 정책을 수립하고, 리드하고, 관리·감독하는 일이다.

대부분 학자들은 행동 경제학을 '선택'을 연구하는 학문으로 규정하고 있다. 물론 하루 동안 사람들이 하는 모든 행동이 그들의 의사결정을 토대로 하고 있다. 프린스턴의 대니얼 카너먼 Daniel Kahneman 교수에 따르면, 사람들은 순간순간 무려 1만 번에서 2만 번에 이르는, 소소한 선택들을 하고 있을 뿐 아니라, 매일 몇 가지의 중대한 의사결정도 내리고 있다. 어떤 이메일을 보낼까, 어디에 앉을까, 무엇을 말할까, 트위터로 어떤 메시지를 전달할까, 어떤 택시를 부를까, 점심으로 무엇을 주문할까, 어떤 텔레비전 프로그램을 시청할까, 어떤 집을 살까, 누구와 결혼할까 등의 선택들을 말이다.

그러한 선택들대개는 소소한 선택들이 미국인의 모든 개인적인 거래를 만들어내고 결정짓는다. 여기에 3어여 명의 다른 미국인들의 선택들까지 합치면, 매일 총 3조 번의 선택이 일어나고 있는 것이다. 미국 전역에서 매일 3조 번의 "의사결정의 순간"이 발생하고 있는 것이다. 일 년이 365일인 것을 감안하면, 미국에서 발생하는 크고 작은 "의사결정의 순간"이 연간 1000조 번에 달한다는 계산이 나온다.

행동 경제학이라는 학문은 그러한 1000조 번의 선택의 순간 속에서 인간 본성이 하는 역할을 수량화하여 그것을 수리적으로 표현한다.

그 다음에는, 개개인의 모든 선택의 순간들이 궁극적으로는 세계 다른 모든 이들의 선택의 순간들과 이어져 있다는 것을 생각해 보라. 트위터Twitter, 페이스북Facebook, 링크드인LinkedIn 등으로 인해, 그러한 의사결정들과 선택들이 그 어느 때보다 긴밀하게 연결되어 있다.

그러므로 다른 모든 이들의 일상적인 선택과 긴밀히 이어져 있는, 당신의 수많은 일상 선택들이 당신의 인생행로 뿐 아니라, 국가와 세계의 행로도 바꾸어 놓을 수 있다. 개개인의 마음으로 전 세계 인구가 하나로 연결되어 있는 것이다.

사소한 선택이 세상에 미치는 힘

만약 당신이 버스를 놓친다면, 그 사건은 당신의 삶만 바꾸어 놓는 것이 아니다. 이제 그 사건은 서로 연결되어 있는 나머지 세계 역시 바꾸어 놓는다. 몇 년 전 겨울, 심한 폭풍으로 비행기가 연착되어 나는 시카고 오헤어 공항Chicago O'Hare airport의 유나이티드 F4 게이트에 발이 묶여 있었다. 그리고 그때 나는 그곳에서 한 여성을 만났다. 그것은 1000조 분의 1번 일어날 수 있는 우연한 만남이었고, 그 만남은 우리의 삶을 바꾸어 놓았다. 그 일로 우리는 결혼했고, 자기방식대로 세상을 조금씩 바꾸어 놓고 있는 우리 아이들을 얻었으니 하는 말이다. 비행기 연착이라는 하나의 사건 때문에 이 모든 변화가 일어난 것이다.

오헤어 공항에서 한 여성과 이야기를 나누기로 한 나의 작은 결정이 나의 남은 인생을 송두리째 바꾸어 놓은 것이다. 중동 전체를 뒤흔든, 작은 결정도 있다. 그것은 2010년 12월의 일로, 현지 경찰이 26살의 튀니지인, 모하메드 부아지지Mohammed Bouazizi의 야채 손수레를 몰수하는 사건이 발생했다. 그로인해 그는 더 이상 여덟 명의 가족을 먹여 살릴 수 없게 되었다. 그는 자신을 만나길 거부하는 경찰관들에게 항의하기 위해 시청을 찾아갔고, 얼마 후 항의의 표시로 분신을 시도했다. 튀니지 사람들은 부아지지의 사연을 들었고, 한 달도 지나지 않아 튀니지 정권을 몰아냈다. 그로부터 몇 주 뒤, 이집트에서는 독재자에 반대하는 시위가 일어났다. 이집드인으로 구글의 마케팅 담당 임원이었던 와엘 고님Wael Ghonim이 시위의 중대한 촉매 역할을 했다. 그 결과 이집트 대통령, 호스니 무바라크Hosni Mubarak가 축출되었고, 시위는 중동 전역으로 확산되었다. 한 여경이 모하메드 부아지지의 야채 손수레를 빼앗아 그를 실직자로 만든 것이 이 모든 일련의 사건들의 발단이었던 것이다.

당신은 자신의 삶에서 그리고 그밖의 모든 곳에서 수백만 개의 작은 기적들을 만들어내고 불러일으킬, 수천 가지 결정들을 매일 매일 내림으로써, 세상의 모든 것을 아주 조금씩, 때로는 많이 변화시키고 있다. 그러나 당신이 무엇인가를 구입하고, 무엇인가를 먹고, 어딘가로 운전해가고, 전화를 걸고, 교회에 나가고, 커피를 사고, 자원봉사활동을 하고, 팀원들을 지도하고, 고객에게 서비스를 제공하고, 사업을 시작하고, 무엇인가에 저항을 하고, 투표를 하는 등의 행동을 행하기 '전'에, 당신이 어떤 마음을 먹고, 어떤 생각을 하는, 이 중대한 현상을 추적하는 일련의 데이터는 없다.

고전 경제학은 '사후' 거래와 결과를 기록하기 때문에, 당신의 심리 상태까지 분석할 수는 없다. 그러나 리더들은 그러한 심리 상태를 알 필요가 있다. 어떠한 행동을 유발하는 것은 의사결정이고, 특정한 의사결정을 내리게 하는 것이 바로 '심리 상태' 혹은 '의도'이기 때문이다. 그리고 그러한 의도들이 세상의 운명을 결정짓고 있는 것이다.

의도는 본성nature의 힘이고, 특정 의도가 생기고 나서야 비로소 사람들은 행동을 하게 되어 있다. 즉 고전 경제학자들이 기록하고 있는 모든 거래들보다, 의도가 먼저인 것이다. 갤럽은 (미국인들에게는 매일, 그리고 98퍼센트 이상의 세계인들에게는 해마다 실시되고 있는) '행복'에 관한 행동 경제학적 여론조사 및 설문조사를 추적함으로써, 사람들의 의도를 측정하는 새로운 리더십 측정기준을 만들려 하고 있다. 이것은 글로벌 행동 경제학을 기록해 놓은, 세계 최초이자, 세계 유일의 포괄적이고 체계적이며 성장하는 데이터 시스템이 될 것이다. 전쟁과 평화, 일자리 창출, 혁신, 행복, 세계 이주 패턴, 의료 욕구, 희망, 지역사회 참여, 안전의식, 깨끗한 물과 식량과 주택 이용률에 대한 사람들의 태도를 통해, 이 시스템은 모든 세계 시민의 현재 심리 상태를 말해줄 것이다. 우리가 찾아낸 가장 의미 있는 100가지 행동 경제학 이슈들과 관련해 세계가 어떤 생각을 갖고 있는지, 이 추적 기술이 그 기준을 확립시켜줄 것이다.

전체적으로 보았을 때, 고전 경제학에서 매출과 거래, 그리고 그로인한 GDP 증가를 기록할 수 있는 상태가 되기 전에, 사고 패턴들과 심리 상태들 간에 수많은 결합이 이루어진다. 그 각각이 일자리 창출과 연결되어 있기 때문에, 그 각각이 매우 중요하다.

새로운 비밀 무기

GDP 성장의 연료인, '기업가정신'과 '혁신'의 핵심 에너지는 이러한 데이터들의 패턴과 트렌드 속 어딘가에 있다. 그것은 이 핵심 에너지가 경제 폭풍의 전조들을, 자유 기업의 성장 및 일자리 창출의 전조들을 예견하기 때문이다. 일상생활에서 무엇인가를 사고파는 의사결정을 내리기 전에, 사람들은 자신감, 낙관, 결의, 창의력, 희망, 그리고 의욕 같은 단순한 심리를 느낀다. 그리고 그러한 심리들이 바로 급작스런 GDP 성장을 불러일으킬 요인들이다.

3억 명의 미국인들의 1000조 번의 의사결정의 순간이 갖는 행동 경제학적 의미를 리더들이 전략적인 리더십 사고에 포함시킨다면, 그들은 모든 것을 바꿔놓게 될 것이다. 1000조 번의 의사결정의 순간 속에 담겨 있는 사람들의 에너지가 밖으로 분출될 때, 기업가정신과 혁신이 용솟음치게 될 것이고, 그 결과 GDP와 일자리도 급증하게 될 것이다.

모든 리더들에게 있어, 행동 경제학이 새로운 비밀 무기인 것도 그 때문이다.

이러한 1000조 번의 심리상태와 의사결정은 미국의 기업가정신과 혁신을 위한, 그리고 인류를 발전시키는 모든 일들을 위한 새로운 전력망이다. 사람들의 심리 상태나 태도가 어떻게 달라지느냐에 따라, 모든 것도 달라질 것이다. 미국 전역에서 그리고 세계 곳곳에서 선택의 순간들이 상호작용을 하며 그 어느 때보다 다양하게 결합하며, 그것이 다른 어떤 현상보다 국내적으로 그리고 세계적으로 모든 결과에 커다란 영향력을 행사하고 있다.

대부분의 리더들은 일자리 창출에 필요한 모든 것을 그들이 갖추고 있다는 것을 알고 있다. 그러나 선택의 순간에 담겨 있는, 커다란 에너지를 알아보는 리더는 거의 없다. 사실 많은 리더들이 일자리 창출의 돌파구를 돈으로 살 수 있으리라 생각한다. 그러나 그러한 방법은 효과가 없을 것이다.

지속 가능한 일자리를 창출할 해법은 돈으로 살 수 있는 것이 아니다. 리더들은 고속도로와 다리, 댐, 군 장비, 의료서비스를 돈으로 살 수는 있어도, 미국인들이 지금 필요로 하는, 지속 가능한 새로운 일자리들을 돈으로 살 수는 없다. 아니 더 정확히 말하면, 정부는 그러한 일자리들을 창출할 수 없다. 미국인들은 어떤 것이 성공인지 알고 있다. 하지만 그들은 백악관이나, 국회, 주정부 혹은 시정부에 그것을 요구할 수 없다.

그것은 지속 가능한 일자리 창출의 기적이 주로 복합적인 사건들 속에, 그리고 인간의 본성 속에 있기 때문이다. 이미 언급한 것처럼, 인류의 발전은 자유기업의 존재의 이유인 동시에, 존재의 결과인 것이다. 일자리 창출이 정부가 할 수 있는 일이 아니라고 말하는 것도 그 때문이다. 정부가 상의하달식으로 특정 방안을 법제화한다고 일자리 창출 문제가 해결되지 않는다. 양질의 일자리는 저리융자로 해결될 문제도, 단순히 혁신에 수십 억 달러를 쏟아 붓는다고 해결될 문제도 아니다. 그러나 일자리 창출은 리더들이 미국에서 그리고 세계 전역에서 계속 해야만 하는 무엇인가이다.

정부가 혁신을 불러일으키기 위해 보다 강력한 자극제를 제공하거나 대출한도를 늘려줄 때가 아니라, 보다 '자유로운' 사고에 의해 유례없이 영감이 풍부해질 때 일자리 창출 가능성이 높아진다면 어찌할 것인가?

진정한 일자리 창출은 인간의 정신에서, 인간 행동 경제학에서 시작될 것이다. 이런 식으로 한 번 생각해 보자. 많은 스마트한 미국인들이 중국의 경제적 위협을 대수롭지 않게 생각하고, 중국 아이들이 아무리 좋은 교육을 받고, 중국 내수시장이 아무리 크고, 중국 GDP가 아무리 빨리 성장한다고 해도, 미국의 혁신 능력이 더 뛰어나기 때문에 결국에는 미국이 승리하리라 믿고 있다고 말이다.

그것은 틀린 생각이다. 중국에도 잠재적인 혁신가들이 많이 있다. 중국 역시 기업가정신이 뛰어나다. 그리고 모두가 알고 있는 것처럼, 중국은 뛰어난 생산국이다.

미국이 지닌 압도적인 장점은 미국인들이 중국인들보다 훨씬 더 많은 자유를 누리고 있다는 것이다. 내 생각에 중국의 지도자들 가운데 이에 이의를 제기할 이는 많지 않을 것이다. 미국인들은 미국 민주주의라는 브랜드를 신뢰하고 그에 대해 확신을 갖고 있다. 미국 민주주의에 대한 이러한 믿음, 그리고 미국의 언론의 자유와 보다 확실한 법적 투명성, 보다 엄격한 저작권 보호 같은 장치들 덕에, 아이디어들이 계속 자유로이 공급될 수 있고 1000조 번의 의사결정의 순간이 그 힘을 제대로 발휘할 수 있다. 심지어 경기 침체기 동안에도 말이다.

국가 및 시 차원에서 기업가정신이 고양되어 있고, 거주민들이 적극적으로 활동에 참여할 때, GDP와 일자리는 증가할 것이다. 기업가정신이 부족하고, 거주민들의 활동 참여가 저조할 때, 모든 것이 성장을 멈출 것이다. 사람들은 새로운 사업을 시작할 의지가 부족하고, 중소기업들은 성장에 필요한 자신감, 진취적 기상, 혹은 상상력이 모자랄 것이다. 지금처럼 기업들은 부진을 면지 못할 것이다. 대부분의 정치인들은 은행이 돈을 빌려주지 않기 때문이라고 떠들어 댈 것이다. 그러나 갤럽에 따르면, 그것은 사실이 아니다. 위험을 무릅쓰고 성장을 도모할 마음이 없기 때문에 – 즉 자신감이 부족하기 때문에, 성장하고자 하는 진취적 기상을 갖고 있지 않기 때문에 – 중소기업들이 대출을 신청하지 않고 있는

섯이다.

기업들의 발목을 붙잡고 있는 것은 **대출 부족** 같은 이성적인 이유가 아니라 **자신감 부족**이라는 감정이다. 고전 경제학은 이러한 문제 해결에 도움이 될 수 없다. 리더들이 고려해야 하는 것은 (행동 경제학의 데이터로 측정할 수 있는) 심리 상태이기 때문이다. 심리에 주목하지 않으면, 탈출구는 없다.

고전 경제학은 사람들이 이성적 사고를 바탕으로 모든 행동을 한다고 가정한다. 사람들이 돈과 같은 이성적인 무엇인가를 토대로, 일상적인 거래를 하고 무엇인가를 구매한다고 보는 것이다. 고전 경제학은 사람들이 이성적이고 냉정하기 때문에, 향후 이루어질 모든 의사결정이 예측 가능하다고 주장한다.

행동 경제학은 그럴 리 없다고 말한다. 그들은 사람들이 일상적인 의사결정을 내릴 때, 이성적이기보다 비이성적이고 감성적이라고 주장한다.

예를 들면, 돈이 필요할 때 사람들은 왜 수익률이 가장 높은 주식을 팔고 수익률이 가장 낮은 주식을 계속 보유하는 것일까? 그것은 100달러의 수익을 올림으로써 얻는 기쁨보다 100달러 손해를 봄으로써 느끼는 상실감이 훨씬 더 크기 때문이라고 말할 수 있다.

몇 십 년간의 갤럽의 행동 경제학 리서치 결과를 살펴보고 내가 내린 결론은 인간의 의사결정은 일반적으로 70퍼센트가 감정적이고 30퍼센트가 이성적이라는 것이다. 그것은 인간이 감정에 좌우된다는 얘기가 아니다. 오히려 사람들은 무엇인가를 시도하기 전, 그들이 느끼는 '감'이 정확하다는 것을 깨달을 필요가 있다는 것을 말하고 싶다.

그러므로 미국의 상황을 조속히 바로잡으려면, 지금 당장 최소 500만 개의 새로운 양질의 일자리가 필요하다. 그리고 5년 내에 (총증가에서 총감소를 뺀 순증가로) 최소 1000만 개의 새로운 양질의 일자리가 필요하다. 그것은 기업가정신과 혁신을 통해 사람의 마음으로부터 유기적으로 창출된, 지속 가능한 일자리이어야 한다. 따라서 정부가 대규모 인프라 프로젝트를 통해 공급하는 '바로 시작할 수 있는'(shovel-ready: 노동자들을 건설 현장에 투입하여 즉각적인 일자리 창출 효과를 볼 수 있는 대규모 인프라 프로젝트shovel-ready project에서 파생된 신조어 - 옮긴이) 일자리는 그러한 일자리가 될 수 없다.

그리고 기업가들과 혁신가들은 대기업이 아니라, 소기업들을 설립하고 있다. 대기업들은 일자리를 줄이는 경향이 있다. 경쟁업체들을 인수하고 중복 투자를 줄여나감으로써 일자리가 줄어들고 있기 때문에, 이것은 나쁜 현상이 아니다. 사실 이로 인해 경제는 보다 건강해질 것이다. 대기업들은 서로 상대방 집단을

도태시키머, 대자연의 생존 법칙을 지켜나가고 있다. 상대방 집
단을 도태시키는 것은 경제 건강에 이로운 일이지만, 그것이 새
로운 일자리를 창출하지는 못한다.

거의 모든 새로운 일자리들이 신생기업들과 중소기업들에 의
해 창출되고 있다. 다시 말하지만, 대기업들은 (크고 작은 사회적
기업들을 포함해) 중소업체들의 고객들이고, 수출에 관련된 거의
모든 것을 도맡아 하고 있기 때문에, 국가의 자유 기업 생태계에
서 매우 중요한 존재이다.

유일한 탈출구

그러나 지금은 그 프로세스가 너무 느리게 움직이고 있다. 미
국의 유일한 출구는 GDP를 현재보다 훨씬 빠르게 증가시키고,
세계의 다른 국가들, 특히 중국과 인도보다 미국이 앞서나갈 수
있도록 혹은 적어도 어깨를 나란히 할 수 있도록 하는 것이다.
그 외에 다른 출구는 없다. 기업들, 특히 중소기업들이 새로이
생겨나고, 보다 빠르게 성장할 때만 그것이 가능할 것이다. GDP
가 최소 4.5퍼센트 이상 꾸준히 성장해야 비로소, 미국은 번영하
는 경제 속에서 새로운 양질의 일자리를 얻게 될 것이다. 그 정
도 성장률이면 지속 가능한 양질의 일자리를 창출할 수 있을 것
이다. 하지만 그것으로 세계를 다시 손에 넣지는 못할 것이다.

갤럽에서는 갤럽의 미국 및 세계 여론 조사를 통해 수집한 모든 데이터를 첨단 분석 방식을 이용해 심도 있게 분석해 왔다. 우리는 사실상 세계 전역에서 수집한 일자리 창출에 관한 모든 거시경제학적 데이터를 연구했다. 우리는 세계 경제의 트렌드에 관한 모든 자료를 분석했고, 세계 최고의 선구자적인 사상가들과 상의했다. 일자리 창출에 관한 한, 우리가 세계 어떤 기관보다 많은 글로벌 게임 시나리오들을 살펴보았음을, 우리가 더 많이 조사해보고, 더 많은 데이터들을 무한히 짜맞춰보고 검토해보았음을 자신한다.

갤럽의 모든 노력으로부터 내가 내린 결론은 자유세계의 리더 자리를 지키려면, 미국은 5퍼센트의 GDP 성장률이 필요하다는 것이다. 현재 미국의 GDP가 중국의 GDP보다 더 높은 상황에서 복리방식으로 5퍼센트씩 성장하는 것이기 때문에, 그리고 중국은 극복해야 하는 많은 심각한 문제들을 안고 있기 때문에, 그 정도 성장률이면 중국에 맞서 세계 경제 리더 자리를 충분히 지켜낼 수 있다. 그러나 그러한 GDP 성장은 중소기업들의 창업과 성장이 있어야만 가능하다. 리더들은 대부분 이러한 사실을 모르고 있다.

아무도 지속 가능한, 양질의 일자리를 창출할 방법을 알지 못한다. 특히 내가 이야기하고 있는 것처럼, 미국에 GDP 급성장을 안겨줄 정도로 대규모로 그러한 일자리를 창출할 방법을 아는 이는 없다. 설상가상으로 그 정도 대규모면, 개개인 - 다시 말해 단순히 양질의 일자리를 원하는 사람들 - 은 그 그늘에 완전히 묻혀 버릴 것이다.

그러나 여기서 문제 해결의 실마리는 그러한 개개인이 바로 세계 경제라는 것이다. 어떤 방식으로든, 모든 개인이 일자리 에너지의 원천이다. 모든 개인이 경제 엔진이다. 사람들의 일상적인 모든 의사결정이 경제이다. 당신과 나, 그리고 다른 모든 이의 모든 의사결정과 선택이 경제인 것이다. 하나로 연결되어 있는 사람들의 의식을 기반으로, 그 위에서 경제가 흥망을 거듭하고 있는 것이다. 미국의 경제적 미래는 거대하지도 모호하지도 않다. 그것이 바로 개개인에게서 시작되고 있기 때문이다. 그것은 하나로 연결되어 있고, 얼마든지 바뀔 수 있다.

그리고 갤럽보고서가 찾아낸 바에 의하면, 미국의 경제적 미래를 바꿈에 있어 교두보 역할을 할 곳은 지방, 즉 도시이다.

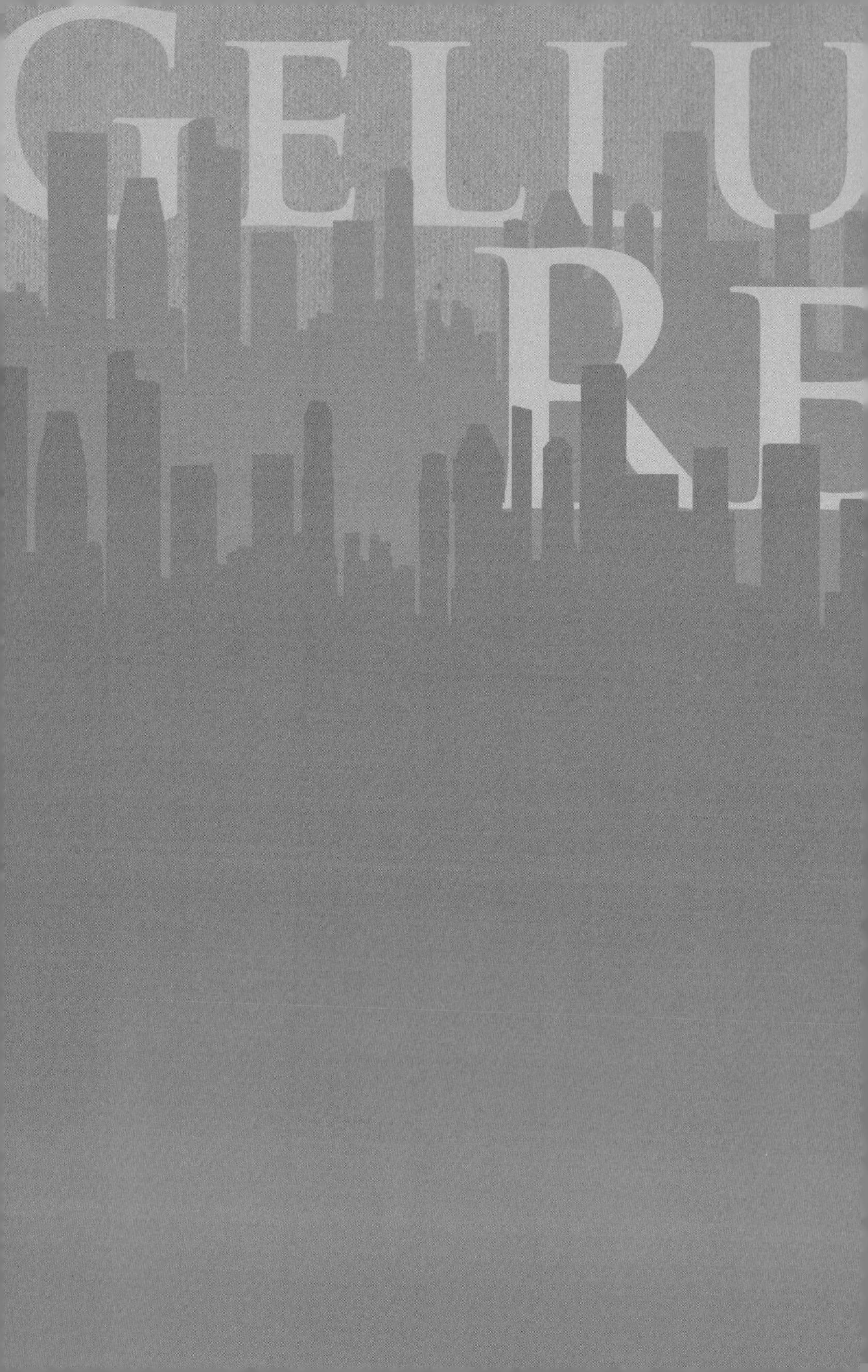

G . a . l . l . u . p . R . e . p . o . r . t

연합전선을 펴야 할 때

"지금까지 조사한 모든 자료를 취합해 보았을 때, 인터넷과 같은 차세대 돌파구를 향후 어디서 찾을 수 있을까요?"라고 묻는다면, 나는 대도시들과 우수한 대학들, 그리고 영향력 있는 지방 지도자들이 연합 전선을 펼칠 때 돌파구가 열리게 될 것이라고 대답할 것이다. 이 세 개의 세력이 가장 믿을 수 있고, 통제 가능한 해결책을 만들어낼 것이다. 그들의 연합 효과가 미국의 최대 현안에 대한 가장 예측 가능한 해결책이다.

이 세 가지 세력 가운데 초석이 되는 것은 도시들, 특히 미국 최고의 도시들이다. 모든 도시가 중요하고 문제 해결에 나름 기여할 수 있지만, 미국의 상위 100대 도시들의 리더십이 움직이는 방향대로, 미국의 경제적 미래도 움직일 것이다.

물론 조직들과 기업들과 마찬가지로 각 도시의 경제 성적표는 심한 편차를 보이고 있다. 오스틴Austin의 경우 빠르게 성장하고 있지만, 올버니Albany는 내리막길을 걷고 있다. 수 폴즈Sioux Falls는 번창하고 있지만, 수 시티Sioux City는 그렇지 못하다. 디트로이트가 얻은 결과와 샌프란시스코가 얻은 결과가 얼마나 다른지 생각해 보라. 디트로이트는 세계에서 가장 번영하던 경제 도시에서 가장 극적으로 쇠락한 도시로 전락했다. 반면 샌프란시스코 시민들은 기술 붐을 주도함으로써 미국을 구하고 미국 전역의 일자리 창출에 크게 기여했다. 미국에서 디트로이트는 '밑 빠진 독'이고, 샌프란시스코는 여전히 미국을 구원하고 있다.

세계적으로 보면 도시들 간의 편차는 더욱 두드러진다. 아바나(Havana: 쿠바의 수도 – 옮긴이)와 싱가포르 간의 격차를 생각해 보라. 리콴유Lee Kuan Ywe는 현재의 싱가포르를 건설했고, 피델 카스트로Fidel Castro는 거의 같은 시기에, 그리고 비슷한 환경에서 현재의 쿠바를 건설했다. 싱가포르는 세계에서 가장 진보적인 현대 사회 가운데 한 곳으로, 보다 강력한 경제력과 훌륭한 일자리를 갖추고 있다. 반면 아바나는 경제적으로, 사회적으로 재앙덩어리이다. 한 도시는 성공했고, 한 도시는 실패했다. 이 두 도시 사이에 이러한 격차가 생긴 주원인은 지방 리더십에 있다.

미국의 가장 커다란 문제들을 바로잡고 다시 세계를 리드하려면, 한 번에 한 도시씩 문제를 풀어나가야 한다. 궁극적으로 모든 해결책은 지방에 있다.

각 도시에는 이미 강력한 지도부가 자리하고 있다. 지방자치 단체들과 현지 기업들, 그리고 자선단체들에는 이미 자연의 질서가 잡혀져 있다. 각 도시에는 지역경제 성장 — 일명 도시 GDP — 에 연료를 공급하고 양질의 일자리를 창출하기 위해, 수많은 계획들과 위원회들에서 활동하고 있는 사려 깊고 강인한 리더들이 있다. 이러한 리더들이 달성해야 하는 위업은 그 지역의 모든 세력들을 규합하여 기업가적 에너지를 배가시키는 것이다.

그들은 전면전all-out war을 선언함으로써 성공할 것이다.

도시별로 마스터플랜을 세워라

내가 지금 "전쟁"이라는 용어를 가볍게 쓰고 있는 것이 아니다. 이것은 정말 전쟁이다. 일자리 부족, 직장에서의 사기 저하, 의료비 증가, 졸업률 저하, 두뇌유출, 그리고 공동체로부터의 유리 등의 문제를 놓고 치열한 전쟁 중에 있는 것이다. 이러한 문제들은 도시를 파괴시키고, 일자리 성장을 저해하고, 도시 GDP를 뒤흔들고 있다. 각 도시는 전쟁 전략만큼 진지한, 그들만의 마스터플랜이 필요하다.

그 계획은 다음 사항들에 초점을 맞추어야 한다.

1. 가장 중요한 해결책은 지방에 있다

나약한 지방 리더들은 그들이 안고 있는 문제들을 해결하기 위해, 보다 많은 법규와 부양책 그리고 보다 많은 연구개발비를 기대하며 워싱턴에 고개를 돌릴 것이다. 그러나 그들이 일자리를 창출하는데 필요한 것 – 즉 기업가들과 기업 에너지, 그리고 그 모든 것을 규합할 리더십 – 은 바로 현지에 있다. 각 도시들이 가장 유망한 일자리 창출의 원천이기 때문이다. 2009년, 미국에서 소비된 벤처캐피털 자금의 거의 절반이 네 개 도시 – 뉴욕, 팔로알토, 시애틀, 그리고 서니베일 – 에 집중되었다. 그렇다면 베이에어리어(Bay Area: 샌프란시스코 만안 지역 – 옮긴이)는 그렇게 커다란 경제력을 창출하고, 디트로이트는 그러지 못한 이유가 무엇일까? 두 지역 모두 동일한 연방 정부 아래에 있고, 동일한 법률과 규칙 하에 움직이고 있다. 그러나 샌프란시스코와 실리콘밸리는 혁신에 적절히 대응하고 지구상에 없는 비즈니스 모델들을 창조하는 그런 문화를 만들어냈다. 그런 도시들은 세계에서 가장 유능한 인재들을 위한 횃불이 되고 있다.

2. 도시 전체가 일자리 전쟁에 나서라

어떤 일을 하고 있든, 모두가 일자리 창출에 주력해야 한다. 만약 한눈파는 이가 있다면, 그런 이들을 몰아내라. 냉정해질 필요가 있다. 자전거 도로가 일자리 창출에 일조하지 않는다면, 자전거 도로는 필요치 않다. 재구획화로 일자리 전망이 밝아진다면, 구획을 재정비하라. 그러나 단순히 일자리가 있기만 하면 되는 것은 아니다. 당신이 원하는 것은 양질의 일자리이다. 일자리 전쟁에서 지식 기반 일자리가 승리를 거둘 것이다. 모든 것이 지식 기반 일자리를 겨냥해야 한다. 글로벌 경제는 지식 노동자를 향해 가고 있다. 당신이 살고 있는 도시에 도축장을 지을 수는 있겠지만, 그것은 선도적인 일자리 전략이 될 수 없다. 양질의 일자리를 창출할 수 있는 것은 기업가들이다. 혁신가들과 손잡고 승리하는 비즈니스 모델을 창조하는 기업가들 말이다. 일자리 전쟁이 도시의 리더들이 아침 일찍 눈을 뜰 수밖에 없는 이유, 하루 종일 매달려야 하는 무엇, 그리고 밤에 잠자리에 들지 못하는 이유가 되어야 한다.

3. 하나의 목표 아래 도시 전체가 올인하라

각 도시에는, 갖가지 지방 단체들과 모든 기업들이 한마음이 되도록, 그들을 통솔하고 중심을 잡고 필요한 전략을 세울 범이 필요하다. 도시 전체가 참여해야 하고, 고도로 조직화되어야 하며, 승리를 위해 동일한 전술을 구사해야 한다.

4. 지역 유권자들이 중앙정부를 바라보게 하지 마라

워싱턴이 당신에게 줄 수 있는 것은 지속 가능하지 않은 것, 아니면 (실성가상으로) 불건전한 것이다. '프리머니(free money: 미국 정부가 일정 자격을 갖춘 신청자들에게 제공하는 일종의 무상 지원금 – 옮긴이)'는 궁극적으로 당신을 보다 의존적으로 만든다. 프리머니와 정부의 재정지원혜택, 관료주의 강화, 개인의 통제력 약화 등 이 모든 요인들이 개인의 자주성과 실력중시 풍토 그리고 자유 기업들을 약화시키고 경쟁력을 저하시킬 것이다. 에너지를 재충전하고, 도시 GDP를 급성장시키고, 도시로 두뇌를 유입시키고, 양질의 일자리를 창출하고, 도시에 생명력을 불어넣고, 도시의 미래를 장미 빛으로 물들이려면, 워싱턴의 해법을 기대해서는 안 된다. 무엇보다도 일자리 창출 문제는 지방 차원에서 풀어야 하는 문제이기 때문이다. 워싱턴이 아니라, 바로 당신이 (당신이 속한) 도시에 시동을 걸어주어야 한다.

워싱턴을 변호하자면, 미국 정부 수립의 본래 취지는 그 나라의 경제 엔진이 되는 것이 아니다. 랜드그랜트 대학들(land grant university: 19세기 모릴법에 따라 미국 정부로부터 토지를 제공받아 설립된 고등교육기관 – 옮긴이)과 방위 산업체들, 과학연구소들 그리고 의학연구소 등을 통해, 미국 정부는 산업 전반에 씨를 뿌리는 역할을 하고 있다. 그러나 미국이 몹시 필요로 하고 있는, 지속가능한 경제 호황에 지금까지 미국 정부는 불을 지피지 못했고, 앞으로도 그럴 것이다. 또한 그러한 역할을 하도록 정부에 기대해서도 안 된다. 그러한 경제 호황은 개개인의 마음에서, 그리고 훌륭한 도시들에서 비롯되는 것이기 때문이다. 워싱턴은 미국을 하나로 단결시킬, 다양한 국내·외 정책들, 법과 질서, 전쟁과 평화, 그리고 사회기반시설과 사회 서비스를 위해 존재하는 것이지, 지속 가능한, 양질의 경제 성장을 위해 존재하는 것이 아니다.

워싱턴 정부는 본래의 취지대로 일자리 창출에 서툴 수밖에 없다. 아마도 건국의 아버지들이 안겨준 '자유' 가운데 가장 중요한 요소는 자유기업일 것이다. 미국 정부는 문제없다. 미국 정부는 그저 올바른 기대가 필요할 뿐이다.

지역사회 리더들이 해야 할 일

모든 번영하는 도시에는 각 지역에 영향력을 행사하며 안내자 역할을 하는 유능한 인재 집단이 있다. 그들은 일명 지역사회 리더들로, 투표로 선출된 집단이 아니라 스스로 만든 집단이다. 이들은 자기 도시의 성공에 커다란 관심을 기울인다. 그들은 박애주의자들이고, 그 도시의 아버지이고 어머니이며, 비즈니스 리더들이고, 자기 도시를 위해 나서서 할 일을 하는 적극적인 시민들이다. 일반적으로 도시를 위하는 일이 결국 지역사회 리더들을 위한 길이지만, 그들은 오로지 사리사욕을 채우려 무엇인가를 하는 사람들이 아니다. 그들은 그 도시를 사랑해서, 그곳에 사는 이들을 사랑해서 무엇인가를 하는 사람들인 것이다.

지역사회 리더들은 충직하고, 보통 부유하며, 매우 성공했고, 유명하며, 존경 받는 사람들이다. 비영리기관들의 이사회에 참석하면 흔히 그들을 만날 수 있다. 그러한 기관들은 종종 "지역사회재단community foundation"이라고 불리는데, 그들은 그곳에서 서로 만나 지속적으로 도시 발전에 힘쓴다.

지역사회 리더들은 "약탈형 엘리트predatory elite들"에 반대되는 사람들이다. 사리사욕에 눈이 멀어, 자신이 속한 도시와 국가를 약탈하는 사람들 말이다. 지역사회 리더들은 자신을 위해 지역사회에 존재하는 것이 아니므로, 약탈자들이 아니다. 지역사회 리더들은 세상에서 다른 무엇보다도 지역사회 전체, 그리고 그에 속한 모든 이들의 성공에 관심을 기울인다. 그들은 지역사회에 대해 헤아릴 수 없을 정도의 충성심을 갖고 있으며, 여러 가지 이유 때문에 그곳을 떠나지 못한다.

대표적인 예로 워렌 버핏의 오마하Omaha에 대한 충성심을 꼽을 수 있다. 뉴욕이나 다른 금융 수도가 아니라, 네브라스카Nebraska의 오마하에 말이다. 그는 1958년에 매입한 스터코 (stucco: 소회석에 대리석 가루와 찰흙을 섞은 표면 마감에 사용하는 벽재료 - 옮긴이) 주택에 여전히 살고 있으며, 거의 50년 동안 키윗 플라자Kiewit Plaza에서 일하고 있다. 그는 몇 십 년 간 오마하의 경제적 안녕에 크게 이바지했고, 향후 그가 그곳을 떠날 가능성은 전혀 없다.

지역사회 리더들에 박애주의자들이 포함되어 있는 것은 사실이지만, 그렇다고 그들이 단순히 박애주의자들인 것은 아니다. 그들은 예술 활동과 어린이 프로그램, 도시의 외형 등 그런 온갖 종류의 자선활동들에 자신의 시간과 돈과 재능을 투자하지만, 그들이 진정 관심 있어 하는 것은 자신이 속한 도시가 승리하는 것이다. 그러므로 지역사회 번영에 도움이 되는, 보이지 않는 일들에 그들은 많은 시간과 돈과 영향력을 쏟는다.

한 가지 기억할 것은 현직 관료들은 지역사회 리더에 포함되지 않는다는 것이다. 퇴임한 미국 상원의원이나 많은 사랑을 받았던 전前 시장은 지역사회 리더가 될 수도 있을 것이다. 하지만 지역사회 리더의 주류는 대기업들과 대형기관들을 운영했던 전설적인 CEO 부류들, 대학과 병원과 재단의 대표들, 다양한 분야에서 성공한 지역사회의 스타들, 그리고 유서 깊은 가문의 후손들이다.

그들이 경제 성장의 천연 에너지원이 될 수 있는 것도 그 때문이다. 그들은 함께 이야기 나누고 있는 사람들에 대해 알고 있고, 자신이 당기는 레버가 어떤 레버인지 알고 있다. 그들은 일이 되도록 만들며, 그들이 힘을 합치면 다른 이들이 할 수 없는 것을 해낼 수 있다. 그리고 시의회보다 빨리 그리고 훌륭히 목적한 바를 이루어낼 수 있다. 지역사회 리더들은 보다 유능한 집단들이고, 지방 정부보다 다른 유능한 인재들과 더 가까이 지내며

너 폭넓은 인맥을 구축하고 있다.

시내에 새로운 YMCA 빌딩이 필요할 때, 그것이 가능하게 할 사람이 바로 지역사회 리더들이다. 당신이 속한 도시에서 다음 특별 올림픽(Special Olympics Games: 1968년 창설된 심신 장애자 국제 스포츠대회로 4년마다 개최됨 – 옮긴이)을 유치하고 싶다면, 당신은 지역사회 리더들의 지지를 얻어내야 한다. 당신의 도시에서 새로운 기술 기업을 유치하고자 한다면, 당신은 지역사회 리더들이 필요할 것이다. 기업의 새로운 본사를, 프로 야구팀을, 혹은 새로운 대규모 관광단지를 당신의 도시에서 유치하고 싶다면, 새로운 공항이나 보다 많은 녹지 공간, 혹은 대형 어린이 박물관을 원한다면, 당신은 지역사회 리더들의 도움이 필요할 것이다.

주지사와 시장, 지역사회의 선출직 관료들, 그리고 시의회가 도움이 되기는 하겠지만, 영향력, 자금력, 인맥, 속도, 혹은 인재들과의 교류 측면에서 그들은 지역사회 리더들만큼의 역할을 할 수 없다. 미국의 상위 100개 도시에서 지역사회 리더들이 얼마나 많은 역할을 하고 있느냐와 상관없이, 그것으로는 충분하지 않다.

도시의 주전 선수를 늘려라

상위 100개의 도시에 아버지·어머니 역할을 하는 리더들이 평균 100명 정도 있다고 가정해보자. 당연히 대도시에는 그런 이들이 훨씬 더 많이 있을 것이고, 보다 작은 도시에는 더 적게 있을 것이다. 이것은 어디까지나 넉넉하게 어림잡은 수치이다. 도시 규모와 상관없이, 각 도시에는 그러한 리더들이 5명 정도밖에 되지 않는다고 주장하는 이들도 있다. 그러나 내가 말하고 싶은 것은, 과거 이론들이 주장했던 것보다 새천년에는 그러한 수치들이 확실히 늘었다는 것이다. 그것은 1만 명 정도밖에 안 되는 이들이 500만 개의 일자리, 그 다음에는 1000만 개의 일자리를 창출하기 위한 노력을 리드하고 가이드하고 있다는 의미이다. 단지 1만 명의 주전 선수들이 미국이 중국에 자유세계의 리더 자리를 내줄지 말지를 결정지을 것임을 의미한다.

그러므로 도시들이 일자리 창출의 핵심 에너지원이라면, "모든 것이 지방에 달려 있다"면, 그리고 "지역사회 리더들이 움직이는 곳으로 그 도시의 마음도 따라간다"면, 단 1만 명의 매우 영향력 있는 미국인들의 리더십 승패가 미국의 미래를 좌우하게 될 것이다. 새로운 일자리 창출이 주로 그들 손에 달려 있기 때문에, 이들은 미국에서 가장 중요한 리더들일 수밖에 없다. 1만 명은 그리 많은 숫자가 아니지만, 그들은 미국이 의존하고 있는 경제 엔진에 에너지를 재충전할 수 있을지 말지를 결정지을 사람들이다.

미국의 모든 선출직 공무원들과 시의회 그리고 주의회는 중요하다. 그러나 도시들은 그들이 제공할 수 있는 것 그 이상을 필요로 하고 있고, 지역사회 리더들이 그러한 선출직 관료들을 책임져야 한다. 만약 시장이 나약한 사람이라면, 그 도시는 점점 침몰할 것이다. 시의회 의원들이 무능한 사람들이라면, 그 도시는 점점 침몰할 것이다. 지방교육청 위원들이 변변치 않은 사람들이라면, 그 도시는 점점 침몰할 것이다. 만약 주의회에서 활동하는 이들이 고용불능자에 가까운 사람들이라면, 그 주는 점점 가라앉을 것이다.

전국적으로 50만 명 정도의 선출직 공무원들이 있는데, 리더 자질이 없는 이들이 전국에서 그리고 특히 당신의 도시에서 선출직 공무원으로 활동하고 있다면, 그것은 지역사회 리더들의 잘못이다. 그것은 매우 유능한 인재들이 공직에 출마하도록, 각계각층의 현지 핵심 멘토들과 지역사회 리더들이 적극적으로 나서 그들을 충분히 설득하지 않은 탓이기 때문이다. 플라톤은 냉정하지만 현명하게도 이런 말을 했다. "정치에 불참함으로써 당신이 받게 될 형벌 가운데 하나는 당신이 결과적으로 열등한 이들의 지배를 받게 된다는 것이다."

거시경제학적 관점에서 이것은 매우 간단한 이야기이다. 미국이 기업가정신과 혁신을 한 단계 끌어올린다면, 세계를 다시 손에 넣게 되겠지만, 그러기 위해서는 유능한 지역사회 리더들의 도움이 필수적이라는 것이다. 미국인들은 즉시 게임 시나리오를

읽어야 한다. 아직까지는 그들은 그것을 읽지 않은 것 같다. 미국인들 가운데 지역사회 리더들의 중요성은 말할 것도 없고, 도시의 중요성을 알고 있는 사람이 거의 없는 것 같다. 당신의 도시가 고전하고 있다면, 그것은 아마도 지역사회 리더들의 리더십이 부족하고, 그들이 지역사회를 위해 시간과 돈과 능력을 충분히 할애하지 않기 때문일 것이다. 각 도시에는 유능하고 능률적인 지역사회 리더들이 극히 중요하다. 일자리를 창출하는 이들에게 있어, 지역사회 리더들의 멘토 역할이 필수적이다.

영웅을 탄생시킬 슈퍼 멘토를 찾아라

역사적으로 지금 이 시점에 미국이 필요로 하는 영웅들을 탄생시킬 이들은 소기업들이 성공할 수 있도록 안내자, 조언자, 독려자, 그리고 멘토 역할을 해줄 사람들이다. 한 도시를, 그리고 한 나라를 구원하는 것은 '발상의 순간conception moment'이다.

〈사례1〉 물이 흘러넘치게 만드는 '마지막 한 방울의 물'

일례로 돌아가신 나의 아버지, 돈 클리프턴Don Clifton을 들 수 있다. 그는 네브라스카대학 링컨캠퍼스에서 학생들을 가르치셨고, 1950년대 중반 ROTCReserve Officer Training Corps: 학군단 생도들을 대상으로 리서치를 실시했다. 그 리서치는 장교 후보생으로서 승패 가능성을 정확히 예측했다. 그 대학교의 총장이 그 리서치 결과에 흥미를 보였다. 총장은 아버지를 총장실로 불러, 특정 조직에 적합한 리더들을 찾아내기 위한 유사한 테스트를 만든다면 창업이 가능하리라 조언했다. 그 전까지만 해도, 아버지는 자신의 리서치가 갖고 있는 상업적 가치에 대해 생각해본 적이 없었다.

아버지는 총장의 조언을 높이 평가했고, 그의 조언 덕에 아버지는 자신감과 낙관적인 시각을 갖게 되었다. 아버지는 즉시 학교를 그만두고 신생회사를 설립했다. 그 소기업은 승승장구했고, 얼마 안 있어 직원들을 충원하기 시작했고, 종국에는 그 도시에 수백 개의 일자리를 창출했다. 그래서 아버지의 회사는 미국 GDP와 전체 일자리의 50퍼센트를 책임지고 있는, 수천 개의 중소기업들 가운데 한 곳이 되었다. 그 모든 일의 시발점은 한 번의 대화 그리고 한 명의 슈퍼 멘토였다.

누구나 슈퍼 멘토가 될 수 있다. 그러나 그들은 혁신가나 기업가가 아니다. 그들은 혁신가와 기업가들에 불을 지피는 사람들이다. 슈퍼 멘토들은 어떤 한 개인을 위해, 어떤 한 아이디어를 위해 기꺼이 위험을 감수한다. 그들은 어떤 행동을 촉발시키는 데 필요한 티핑포인트(tipping point: 티핑포인트란 컵에 물이 가득 차 있어서 물 한 방울만 더해지면 물이 흘러넘칠 수 있는 상황에서, 물이 흘러넘치게 만드는 바로 그 '마지막 한 방울의 물', 아주 미세한 변화만으로도 폭발적인 변화가 일어날 수 있는 상태에서 폭발적인 변화를 촉발시키는 바로 그 아주 미세한 변화를 의미한다 – 옮긴이)이다. 그들은 또한 기존의 중소기업들에게 리스크를 감수하도록 의욕을 고취시킨다. 그들은 기업가들이 물주를 구할 수 있도록, 혹은 우위를 점할 수 있도록 힘이 되어주고, 조언을 제공하며, 결정적인 순간에 손이나 어깨를 빌려주며, 종종 이사회의 일원이 되어준다. 그것은 새로운 일자리를 창출함에 있어 매우 중요한 부분이다.

슈퍼 멘토들은 행동 경제학에서 가장 영향력 있는 변수인 자신감과 실행력을 불러일으킨다.

〈사례2〉 세계 최고의 광고회사, '오길비앤매더'의 탄생

갤럽의 창립자인 조지 갤럽George Gallup은 책상에서 고개를 들어보니 한 젊은 직원이 자신 앞에 서 있던 날에 대해 내게 이야기한 적이 있다. 그 직원은 갤럽이 광고업에 뛰어들어야 한다고 말했다. 갤럽 박사는 자신은 세계 여론 조사에만 관심이 있지만, 그것이 좋은 아이디어라고 생각하며 그가 창업을 하겠다고 하면 도와주겠다고 말했다. 갤럽 박사는 그 젊은이가 자신의 사무실에서 새로운 광고에이전시를 시작할 수 있도록 도와주었다. 그는 우선은 자신의 타사기를 사용하고 고객들을 하나둘 유치하여 회사가 제대로 굴러가기 시작하면 사무실을 옮기도록 조언했다.

그 젊은이의 이름이 바로 데이비드 오길비David Ogilvy이다. 세계에서 가장 훌륭한 광고 회사 가운데 하나인, 오길비앤매더

Ogilvy&Mather의 설립자인 데이비드 오길비 말이다. 갤럽 박사는 그로부터 아무것도 얻지 못했다. 현재 세계적으로 유명한 이 회사를 설립함에 있어 갤럽 박사가 한 역할이라고는, 기업가로서 오길비가 새로운 도전을 할 수 있도록 독려하고 조언하고 약간의 편의를 봐준 것뿐이었다. 그들 사이에 돈이나 주식, 혹은 수수료가 오간 것도 아니다. 그저 오길비를 위해 멘토 역할을 해준 것뿐이다. 평생 데이비드 오길비는 말로써, 그리고 글로써 조지 갤럽에 감사의 뜻을 전했다.

그리고 그것은 갤럽의 직원들이 구상하고, 이 조직으로부터 성공적으로 잉태시킨 100개 남짓한 기업들 가운데 하나일 뿐이다. 그러나 IBM같은 기업들이 탄생시킨 기업들의 수에 비하면, 그 수치는 아무것도 아니다. IBM의 경우 마이크로소프트와 인텔을 포함하여 수만 개의 훌륭한 기업들을 배양하거나 탄생에 자극제 역할을 했다. 오늘날 구글은 스핀아웃(spin-put: 기업의 일부 사업부 또는 신규 사업을 분리하여 전문회사를 만드는 것을 말한다. 일명 사업 분리 - 옮긴이)을 통해 수백 개의 신생기업들을 탄생시키고 있다. 전체적으로, 사기충천한 기업들이 말 그대로 수백만 개의 신생기업들을 부화시키고 있는 것이다. 반면 열의가 부족하고 사기가 저하되어 있는 기업들은 한 개도 부화시키지 못하고 있다.

〈사례3〉 인터넷의 아버지, 빈트 서프의 탄생

일자리 창출에 관한 모든 리서치와 조사 자료를 살펴보고 지난

30년 동안 가장 귀중한 미국인 멘토를 꼽으라고 한다면, 나는 놀라운 답을 내놓을 것이다. 바로 앨 고어AI Gore를 꼽을 것이기 때문이다.

발상의 전환을 가져온 앨 고어와의 의사소통의 순간이 없었다면, 지난 30년에 걸친, 100조 달러의 급작스런 GDP 증가라는 놀라운 사건은 없었을 것이다. (여기서 100조 달러는 계획에 없었던, 이 커다란 사건으로 발생한, 30년간의 미국의 연간 GDP 초과 성장분의 합계이다) 이것은, 비록 정부가 일자리나 중요한 비즈니스 모델을 창출하지는 않았지만, 기업가들이 상업화할 수 있는 '발명의 씨앗'을 정부가 재정 지원한 사례이다. 그리고 기업가들은 실제로 그 씨앗을 상업화시켰다.

이 사건의 전모는 이러하다. "인터넷의 아버지"로 널리 알려진 빈트 서프Vinton Cerf는 그의 동료연구원들과 함께 1972년 미국 국방부 산하, 방위고등연구계획국DARPA의 연구소에서 일했다. 그들은 그곳에서 TCP/IP 프로토콜 – 이것은 처음에는 패킷 단위로 전화선을 통해, 그 다음에는 라디오파로, 그리고 종국에는 광섬유 케이블을 통해 데이터를 전송하는 방식으로 발전했다 – 을 설계했다. 오늘날 인터넷이라 불리는 발명품이 탄생함에 있어, 그것은 최초의 획기적인 돌파구였다.

서프와 그의 동료들은 주로 방위 통신 목적으로, 그들만의 세계적인 인터넷을 구축했다. 세계대전, 천재지변, 혹은 미국 시스템 공격 같은 상황에서도 서프의 인터넷을 통해 정보를 안전한 곳으로 전송할 수 있었기 때문에, 미국 국방부는 그것이 필요했다. 그것은 라이트 형제(Wright Brothers: 미국의 비행기 제작자이자 항공계의 개척자인, 오빌Orville 라이트와 윌버Wilbur 라이트 형제 - 옮긴이)가 키티호크Kitty Hawk에서 그들이 발명한 비행기를 하늘 높이 띄워 올린 사건에 비견할 사건이었다. 그것이 서프가 오늘날 "인터넷의 아버지"로 불리는 이유이다. 그러나 그 인터넷은 국방부만을 위한 것으로, 다른 곳에서는 그것에 대해 어떤 것도 알지 못했다.

1986년 당시 상원의원이었던 고어가 서프의 사무실을 방문했고, 새로운 소식이 있는지 그에게 물었다. 서프가 팀원들과 함께 만든 그 발명품에 대해 설명하자, 고어는 그것의 상업화 가능성을 타진하기 위해 상업적인 기관들과 그 문제를 상의해볼 것을 권했다. 서프는 고어의 제안의 가치를 제대로 이해하지 못했다. 그는 그 발명품이 지닌 즉각적인, 상업적 가치를 알 수 없었기 때문이다.

1991년 고성능컴퓨터통신법the High Performance Computing and Communication Act, 일명 "고어법the Gore Bill"이 통과되었다. 그로인해 이 새로이 발명된 기술이 국방부의 울타리를 넘어 재계와 산업계의 손에 들어갔다. 그리고 그 다음은 우리 모두가 알고 있듯이, 전 세계가 달라졌다.

빈트 서프와 앨 고어 사이에 그 단순한 대화가 없었다면, 미국의 경제와 세계 질서가 어떻게 달라졌을지 상상해보라.

무엇인가가 그 둘 중 한 사람의 발목을 잡았더라면, 날씨 때문에 항공편이 취소되거나 만남이 변경되었더라면 어떻게 되었을까? 그것은 앞에서 언급한 1000조 번의 순간 중 하나로, 그 순간 속에서 서프와 고어 때문에 아이디어와 열정의 완벽한 충돌이 일어났다.

물론 그 다음은 빌 게이츠Bill Gates와 폴 앨런Paul Allen과 스티브 발머Steve Ballmer, 스티브 잡스Steve Jobs, 앤디 그로브Andy Grove, 멕 휘트먼Meg Whitman, 마이클 델Michael Dell, 그리고 IBM과 HP의 팀들 등의 각계각층의 활동적인 기업가들이 그 배턴을 이어받았다. 기업가정신과 혁신의 완벽한 결합은 폭발을 일으켰고, 세계 리더로서 미국의 자리를 지켜냈다.

미국은 새로이 경제적 우위를 점했고, 자유세계의 리더로서 그들의 위상을 지켰다. 미국이 다시 경제 전쟁에서 승리할 수 있었던 것은 유례없는 발명품을 상업 및 기업과 결부시킨, 그 한 번의 대화, 그 한 번의 만남의 덕이 컸다.

서프와 고어산의 그 대화가 없었다면, 미국 경제를 구하고 세상을 바꾸어 놓은, 모든 인터넷 기반 기술들은 분명 생겨나지 못했을 것이다. 또한 30년간의 100조 달러의 GDP 초과 성장이라는 놀라운 결과도 없었을 것이다. 미국은 세계의 경제 리더 자리를 내주었을 것이고, 건국 이래 그 어느 때보다 생활 방식이 달라졌을 것이다. 다행히 그 대화 덕에, 미국의 일자리들은 목숨을 건졌고, 인터넷의 상업화와 그 주위에서 싹튼 기업들로 인해 수백만 개의 일자리들이 창출되었다.

이것은 앨 고어의 역할, 즉 슈퍼 멘토의 역할이 매우 중요하다는 것을 내게 일깨워주었다. 그는 인터넷 발명가도, 기업가도 아니었다. 앨 고어는 슈퍼 멘토였다. 그는 비즈니스에 인터넷을 사용할 수 있도록 법안을 통과시킴으로써 혁신가들과 기업 에너지를 이어주었다. 그는 무엇인가를 보았고, 다른 이들이 행동하지 못할 때 필요한 조치를 취했다. 그는 핵심 퍼실리테이터 (facilitator: 회의 참석자 간 다리 역할을 하는 의사소통 전문가. 피드백과 체계적인 질문을 통해 자유로운 의사소통과 창의적인 아이디어 창출이 이루어지도록 하는 사람 – 옮긴이)였다.

세계 경제의 주도권을 되찾으려면, 미국은 "보십시오, 그건 상업화할 가치가 있습니다. 고객들이 그것을 원할 겁니다. 그 발명품은 하나의 기업을 창출할 수도, 수만 개의 기업을 창출할 수도 있습니다. GDP를 증가시키고 양질의 일자리를 창출함에 있어,

그것이 이 도시의 경제 엔진이 될 수 있습니다."라고 말할, 매우 영향력 있는 리더들이 필요하다.

대학을 살려라

거시적으로 보았을 때, 근로자들이 일자리 창출 의욕을 갖고 있는 도시들이 그렇지 않은 도시들을 이기게 될 것이다. 그리고 매우 유능한 지역사회 리더들이 있는 도시가 미국의 GDP 성장에 다시 불을 붙이고 미국 경제를 구원할 일자리들을 창출하는데 매우 중요한 역할을 할 것이다. **도시와 슈퍼 멘토가 준비되고 나면, 이제 마지막으로 하나 남은 것은 대학이다.** 대학은 세계 어디에서나 신생기업 설립에 매우 중요한 부분이지만, 미국은 이 부분에서 결정적인 우위를 점하고 있다. 그 이유는 미국의 상위 100개 대학이 이 일자리 전쟁에서 미국을 가장 차별화시키는 세계적인 강점이기 때문이다.

우수한 대학들은 가장 성공한 신생기업들의 근원이다. 본래 대학들은 기업가정신과 혁신을 위한 최적의 생태계를 갖추도록 설계되었다.

슈퍼 멘토들은 흔히 대학의 리더들, 총장들, 부총장들, 학장들이다. 많은 슈퍼 멘토들이 은행가(은행가들은 미국에서 극히 중요한 비즈니스 멘토들이다), 벤처캐피털리스트, 사모펀드(private equity: 소수의 투자자로부터 모은 자금을 주식·채권 등에 운용하는 펀드 – 옮긴이) 운용자들, 그리고 정부 리더들이다. 각계각층의 도시 지도자들, 종종 최고경영자들과 고위 간부들, 그리고 흔히 영향력 있는 가문의 깨어 있는 후손들이 슈퍼 멘토의 자리를 차지하고 있다. 그러나 온갖 부류의 보다 많은 슈퍼 멘토들이 보다 폭넓은 활동들에 적극적으로 참여하며 소용돌이를 일으키고 있는 곳은 다름 아닌 상위 100대 대학 주변이다.

많은 중소기업들이 대학들을 통해 세계적으로 결연을 맺고 있다. 상위 100개 대학들은 세계적으로 친교 및 연구제휴 관계를 맺고 있다. 이것은 고객들을 창출하고 수출을 위해 파트너십을 맺을 때 이용할 수 있는 네트워크이다.

슈퍼 멘토들이 반드시 교수단이나 행정기관의 일원일 필요는 없지만, 그들은 보통 대학의 각종 활동과 행사들에 적극적으로 참여하며 여러 위원회들에 가입되어 있다. 이것이 새로운 기업들과 일자리들을 창출함에 있어 대학과 현지 기업 간의 파트너십이 매우 중요한 이유이다.

많은 미국 도시들은 GDP를 증가시키고 새로운 일자리를 창출하기에 충분한 기업가정신과 혁신능력을 보유하고 있다. 그러나 그들은 기업과 혁신 속에 자리한 요소들의 중대한 충돌을 촉발시킬 슈퍼 멘토들이 부족하다. 모든 아이디어들과 기업 에너지의 절반 정도가 상위 100개 대학에서 비롯된 것이다. 단언컨대 향후 100가지 중대한 돌파구들, 즉 국가와 경제를 살리고 양질의 일자리를 창출할 돌파구들도 미국의 상위 100개 대학들 속에서, 그리고 그 주변에서 나올 것이다.

대학에는 발명과 스마트한 비즈니스 모델 배양에 적합한 환경이 조성되어 있을 뿐 아니라, 매우 많은 슈퍼 멘토들이 그곳에서 활동하고 있다. 추적해 보면, 샌프란시스코 지역에서 폭발적으로 증가한 자유기업의 상당수가 스탠포드와 버클리에서 뻗어 나온 가지들임을 알 수 있다.

대학 제도는 미국의 커다란 강점이다. 당신이 무엇을 읽든지, 보든지, 혹은 듣든지 상관없이, 미국의 전반적인 대학제도는 세계 최고였고 여전히 최고이다.

미국 사회에는 많은 영향력 있는 역할들이 있다. 그 역할들 모두가 극히 중요하고, 그러한 역할들이 없으면 미국은 제 기능을 할 수 없을 것이다. 그러나 이 시점에서 미국이 세계의 리더 자리를 지킬지 못 지킬지, 심지어는 부채를 제대로 갚을 수 있을지 없을지가 이 세 부류의 세력들, 즉 기업가들과 혁신가들, 그리고 슈퍼 멘토들에 의해 주로 결정될 것이다. 그들이 지닌 에너지와 탁월함을 배양할 배양접시는 대학 시스템이다. 그리고 그들은 도시

안에서 – 특히 자유기업들을 위한 기회를 배양하는, 활동적인 지역사회 리더들이 있는 도시들에서 – 위대함을 찾고 있다. 상위 100개 대학들과 상위 100개 도시들, 그리고 가장 헌신적인 1만 명의 지역사회 리더들로 구성된, 이 미국의 인재 양성소 내의 기업가적 에너지와 멘토십mentorship이 어떤 방향으로 움직이느냐에 따라, 미국이 얻을 수 있는 기회들도 달라질 것이다.

미국에서는 이들이 일자리 급성장이라는 폭발을 일으킬 초대형 충돌 가속기들이다.

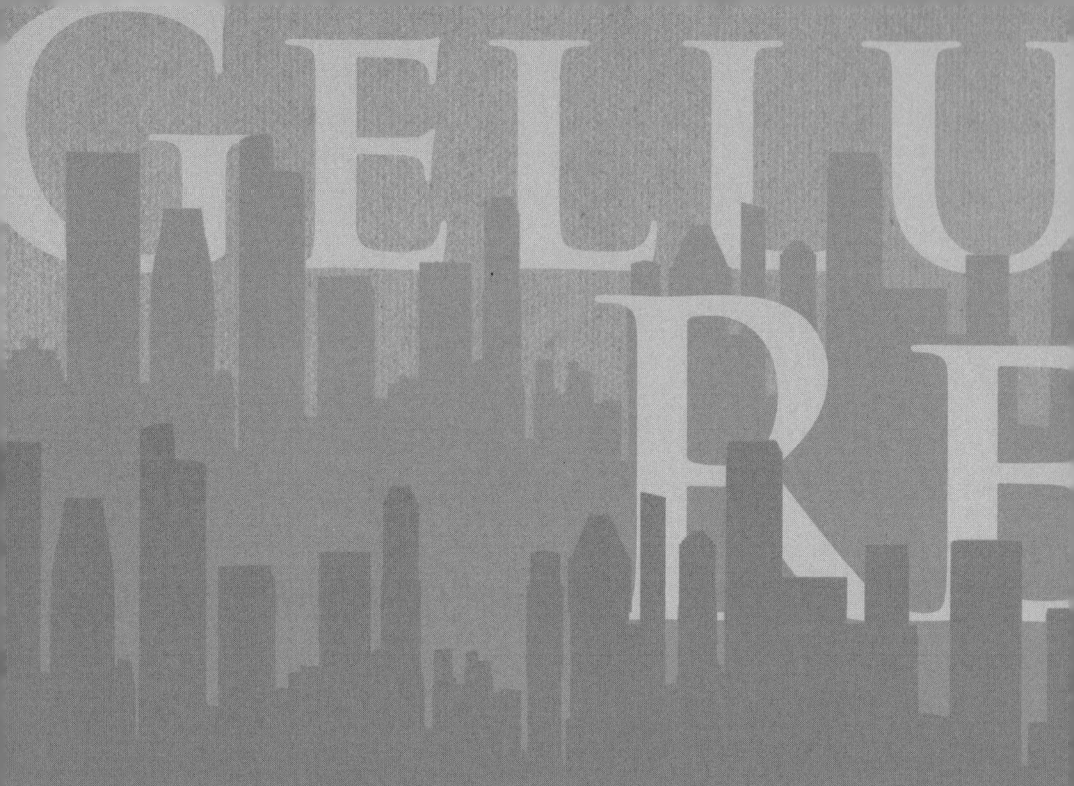

7장

기업가정신 부족과
혁신의 과잉

- 단비를 뿌려줄 레인메이커가 필요하다
- 발명가의 강점 vs. 기업가의 강점
- 보잘 것 없는 아이디어가 황금알을 낳는 거위로

G . a . l . l . u . p .   R . e . p . o . r . t

>>>

단비를 뿌려줄 레인메이커가 필요하다

미국의 30대 대통령 캘빈 쿨리지(Calvin Coolidge)는 이렇게 말했다.

"그 무엇도 끈기를 대신할 수 없다. 재능은 끈기를 대신할 수 없다. 재능이 있음에도 불구하고 성공하지 못한 사람들이 많은 것만 보아도 알 수 있다. 천재성이 끈기를 대신할 수 없다. 천재지만 아무런 결실도 맺지 못한 이야기는 우리가 익히 알고 있는 이야기이다. 교육만으로는 끈기를 대신할 수 없다. 이 세상에 많이 배운 인생 낙오자들이 넘쳐 나는 것만 보아도 알 수 있다. 끈기와 굳은 결의만이 완벽하다."

이 위험한 내용을 잘못 이해하지 않도록 다음 문단을 신중히 읽기 바란다. 만약 당신이 오해를 한다고 해도, 당신이 첫 번째는 아니다. 사실 전 세계가 정반대의 생각을 갖고 있다.

그것은 바로 미국에서 혁신은 드문 일이 아니라는 것이다. 창의력 역시 그러하다. 사실 미국과 세계 여러 곳에서 혁신은 '과잉 공급'되고 있다.

혁신의 과잉 공급은 문제가 아니다. 문제는 미국뿐 아니라, 거의 모든 국가들에 '성공한 비즈니스 모델'이 크게 부족하다는 것이다. 많은 혁신들이 상업화에 성공하지 못하고 있다. 세계에서 가장 찾기 어렵고, 부족하며, 보기 드문 에너지와 재능은 바로 기업가정신이다. 우리는 그것을 희귀한 세일즈기술이라 부르기도 하고, 천재적인 비즈니스 모델 설계라고 부르기도 하며, 레인메이킹(rainmaking: 본래 '레인메이커rainmaker'는 가뭄 때 단비를 내리게 하는 인디언 마술사를 의미한다. 오늘날에는 다양한 분야에서 신규고객이나 신규사업 창출로 대박을 터트려 '조직에 막대한 이익이라는 단비를 내려주는 존재'를 의미한다. 레이메이킹은 이렇게 단비를 내리게 하는 방법을 의미한다 – 옮긴이)이라 부르기도 한다. 그러나 무엇이라 부르든, 미국이 다가오는 세계 일자리 전쟁에 나서기에는 충분하지 않다.

세계 리더들 – 특히 미국의 리더들 – 과 도시 리더들은 다수의 시간과 수십억 달러를 혁신에 쏟아 붓고 있다. 그들은 GDP를 질적으로 성장시키고, 양질의 일자리를 창출할 방법을 미친 듯이 찾는 가운데 헛다리를 짚고 있다. 왜냐하면 그들이 혁신에 정신이 팔려 있기 때문이다.

각 도시에서의 새로운 양질의 일자리 창출을 위한 탐색 과정에서 미국이 무엇보다 필요로 하는 것은 보기 드문 재능이다. 대규모 조직, 중소규모 조직, 지속 가능한 조직 등의 조직들을 성장시킬 재능, 효과적인 비즈니스 모델을 창조할 재능, 혹은 신생기업들을 설립할 재능 등의 보기 드문 재능 말이다.

스윗스팟(sweet spot: 본래 골프채나 테니스 라켓, 또는 야구 방망이나 탁구채에서 공이 맞았을 때 가장 잘 날아가는 지점 또는 부위를 일컫는 스포츠용어이다. 여기서는 가장 우수한 효과를 얻을 수 있는, 최적의 지점을 의미한다 – 옮긴이)은 중소기업들에 있다. 중소기업들이 대기업들보다 훨씬 더 많은 일자리들을 창출하고 성장시킬 수 있기 때문이다. 초대형 기업들은 생태계 전체를 뒷받침하고 있기 때문에, 모든 이들에게 유익한 존재이다. 그렇지만 그들이 많은 일자리를 창출할 수는 없다. 어쨌든 경제는 그들 모두가 필요하다. 미국은, 그리고 세계는 수백 개의 새로운 중소기업들, 대기업들, 초대형 기업들이 필요한 것이다.

그러나 기업의 규모와 상관없이, 가장 중요한 것은 '비즈니스 모델'이다. 고객이 원하는 무엇인가를 창출하기 전까지는, 혁신은 아무런 가치가 없다. 갤럽의 경제 조사 결과에 따르면, '세계에서 가장 훌륭한 아이디어와 발명품이라 해도 그 고객이 없으면 무가치하다'는 것을 아는 리더들이 거의 없다.

지난 해, 나는 워싱턴 디시에서 열린 전미과학아카데미the National Academy of Sciences모임에 참석했었다. 미국에서 가장 큰 정부 및 대학 연구소들의 CEO들과 리더들은 연구소에 가면 상용화 준비를 끝낸 발명품들 – 그리고 그중 일부는 인터넷만큼 중대한 혹은 그보다 더 중대한 발명품들이다 – 이 현재 창고에 쌓여 있다고 말했다. 미국에서, 그러므로 세계에서 가장 수준 높은 첨단 연구소들에는 먼지를 뒤집어쓰고 있는 발명품들과 발견물들, 그리고 획기적인 연구물들이 넘쳐 나고 있다. 그것은 그러한 발명품들을 고객이 원하는 무엇인가로 변화시킬 방법을 찾지 못했기 때문이다. 누군가 그것들을 상업화한다면, 미국은 과거보다 더 큰 호황을 누릴 수 있다.

적어도 향후 30년간은 비즈니스 모델이 무엇보다 중요하다. 새로운 고객들이 등장해야 비로소, 지속 가능한 새로운 일자리들이 창출될 수 있기 때문이다. 그것은 기업들, 비영리기관들, 교회들, 학교들 등 당신이 댈 수 있는 모든 기관들에 해당되는 얘기다.

이것은 혁신의 중요성을 깎아내리려는 것이 아니다. 다만 혁신에 기업가정신이 결합되어야 비로소, 혁신이 가치를 지니게 된다는 것이다. 혁신 그 자체로는 매출을 창출할 수 없다. 기업가정신은 그 도시에서 대충돌이 일어났을 때 나타날 수 있는 강력한 현상이다. 혁신가와 고객을 이어주는 귀중한 '연결고리'는 유능한 기업가이다. 가치와 고객을 마음속으로 그려보고, 매출과 이익을 창출할 전략과 비즈니스 모델을 창조하는 기업가 말이다.

사람들은 보통 기업가entrepreneur라고 하면 창업가를 떠올린다. 그런 의미에서 기업가는 매우 중요한 사람들이다. 그들은 인류에게 절대적으로 필요한 사람들이다. 그러나 인류가 전진할 수 있도록, 기업가들 못지않게 힘이 되어주고 있는 이는 "사내기업가intrapreneur"들이다. 사내기업가들은 회사 내에서 활동하며, 고객 창출을 '후방' 지원하는 두뇌이자 에너지이다. 그들은 보통 마케팅과 전략 담당자들이다. 보기 드물게 유능한 세일즈담당자들인 경우도 종종 있다. 그러나 이러한 획기적인 사내기업가는 기업 어디서든 나올 수 있다.

그러므로 "기업가"를 말할 때, 사람들은 항상 사내기업가를 포함시켜야 한다. 기업가 및 사내기업가는 비즈니스 모델 – 다시 말해 결과적으로 보다 많은 고객들과 보다 많은 수요, 보다 많은 확장 제품들을 통해 양질의 GDP 성장과 진정한 일자리 창출의 기적을 만들어낼 비즈니스 모델 – 을 창조하는 개개인 및 그들로 구성된 팀을 의미한다.

비즈니스 모델과 자유기업, 그리고 혁신은 서로서로 동인動因 역할을 한다. 역사가들과 역도 코치들이라면 저항이 있을 때 인류가 발전한다고 말할 것이다. 생물학적으로, 혹은 문화적으로 저항 없이는 인류는 발전하지 못한다. 적자생존의 원칙이 잔인할 수 있지만, 그것은 절대적이고 꼭 필요한 원칙이다. 내가 사회주의에 반대하는 것도 그 때문이다. 사회주의는 발전에 꼭 필요한 요소인 저항을 감소시키고, 긴장감과 상실의 두려움조차 제거함으로써 사람들과 조직들을 안일하고 무기력하게 만들기 때문이다. 자본주의와 고객들은 저항을 만들어내고, 그로부터 인류의 발전을 이루어낸다. 인간은 승리해야 한다. 그것은 경쟁이다. 그것은 대립이고 생존을 위한 저항이다. 그리고 경쟁이 고객을 창출하고, 고객은 일자리를 창출한다. 자본주의가 사회주의를 이길 수밖에 없는 것도 이 때문이다.

갤럽은 최근에 매우 중요한 신규 고객 프로젝트를 맡았다. 그것은 연간 600만 달러짜리 프로젝트였다. 나는 COOCheif Operating Officer: 최고 운영 책임자에게 전화를 걸어, 그 프로젝트가 얼마나 많은 새로운 일자리를 창출할지 물었다. 그녀는 "50개"라고 답했다.

"리서치 결과를 취합해 볼 때, 새로운 일자리를 예측할 수 있는 최고의 지표는 무엇입니까?"라고 묻는다면, 나는 항상 '새로운 고객'이라고 답할 것이다.

미국의 많은 리더들이 돈과 일자리가 직결되어 있다고 생각한다. 혹은 연구개발과 일자리가, 투자와 일자리가, 정부의 경기부양정책과 일자리가 직결되어 있다고 본다. 정부 및 재계 리더들은 가장 중요한 목표 - 즉 새로운 고객 창출 - 가 아닌, 다른 모든 것들에 돈을 쏟아 붓고 있다. 그들이 잘못된 전제를 바탕으로, 그릇된 방향에 많은 돈을 쏟아 부을수록, 모든 상황은 날로 악화될 것이다.

리더들이 찾아야 하는 것은, 그러나 헛다리를 짚고 있기 때문에 찾아내지 못하고 있는 것은 바로 규모와 상관없이, 향후 성장할 우수한 기업을 설립할, 보기 드문 재능을 지닌 개개인과 그들로 구성된 팀이다. 다른 누군가에게 가치 있는 무엇인가를 이용하여 매출을 창출할 방법을 찾아낼 수 있는, 그런 개인과 그의 팀 말이다.

새로운 기업의 궁극적인 현안은 고객을 창출할 '레인메이커'의 재능을 지닌, 혹은 충분한 매출을 창출할 능력을 지닌 리더를 영입하느냐 못하느냐이다. 그 조직이 영리업체든, 사회적 기업이든, 차터스쿨(charter school: 차터스쿨이란 주 및 지방 당국의 규제 없이 주로 학부모, 교사, 지역단체 등이 공동으로 위원회를 구성해 학교를 운영하는 대안학교 성격의 공립 교육 기관이다 - 옮긴이)이든 혹은 정부의 신규 프로그램이든 상관없이, 진정한 힘은 기업가로부터 나온다. 혁신가나 선구적 사상가, 혹은 아이디어 자체가 아니라, 기업가로부터 나오는 것이다. 기업가가 나머지 존재들보다 훨씬 보기 드문 존재인 것이다.

　많은 벤처캐피털리스트들과 정부 지원 프로그램들이 실패하고 있다. 커다란 아이디어든, 작은 아이디어든, 기업가적 에너지가 그것을 찾아내지 않으면 그것은 움직임 없는, 죽은 아이디어이다. 벤처캐피털리스트들과 연방 프로그램 리더들은 지나칠 정도로 마차를 끄는 말이 아니라, 마차에 기대를 건다. 프로젝트가 실패하면 그들은 일반적으로 "재정 지원을 받지 못했기 때문"이라고 말한다. 그들은 결코 "기업가적 에너지를 발생시키지 못했기 때문"이라고 말하지 않는다.

　다시 한 번 말하지만 혁신은 매우 중요하다. 미국이 세계의 다른 국가들보다 더 많이 발명해야 한다. 그러나 그것은 이미 일어나고 있는 일이다. 미국이 모든 중요한 발명품 가운데 3분의 1 가량을 발명해야 한다. 그리고 그것은 미국이 잘하는 무엇인가이다. 지난 200여 년 간, 미국이 거의 모든 범주에서 세계적인 해결책들 가운데 30퍼센트에서 40퍼센트 가량을 성공적으로 발명했고 상업화시켰다.

　그러나 본장에서 말하고 싶은 것은 만약 기업가정신이라는 핵심 자질에 주목하지 않는다면, 세계를 변화시킬, 막대한 발명품들과 아이디어들이 사라지고 말 것이라는 점이다. 그것들은 미국이 세계를 다시 손아귀에 넣을 수 있게 해줄 발명품들이다. 하지만 기업가적 열정으로 그러한 발명품들에 생명을 불어넣지 않는다면, 세계는 그것들을 알아보지 못할 것이다. 다시 한 번 말하지만, 양질의 일자리와 양질의 GDP 성장은 혁신이 아니라, 비즈니스 모델에서 비롯된다.

빈트 서프와 그의 팀의 발명품에서 진정 놀라운 것은 TCP/IP 프로토콜이라기보다 미국 기업이 그것을 재미있고 유용한 우수상품으로 상업화시킨 방식이다. 그것은 인간의 삶을 향상시켰고, 바퀴와 비행기처럼 인류의 발전을 가속화시켰다.

미국과 인류를 발전시킨 것은 인터넷의 발명이 아니라, 인터넷의 상업화였다. 트랜지스터의 경우에도 다르지 않다. 그것은 인류를 변화시킨 또 한 가지 발명품이었다. 그러나 누군가 트랜지스터를 이용해 수십 억 명의 고객들을 창출할 방법에 관심을 기울이기 전에는, 그것은 창고에 보관 중인 또 하나의 기술에 지나지 않았었다. 인터넷이 그랬던 것처럼 말이다.

기업가정신은 수요와 공급에 직접적인 영향을 미친다. 그러나 한 가지 다른 점은 기업가정신은 단순히 공급만 하는 것이 아니라, 수요를 '창출'한다는 것이다. 기업가정신은 수요와 공급의 균형을 바꾸어 놓는다. 신예 기업가들에게 멘토가 되어주는 것이 매우 중요한 것도 이 때문이다. 그들은 단순히 혼자 일하고 싶어 하는 사람들이나 사장이 되고 싶어 하는 사람들이 아니다. 진정한 기업가들은 경쟁시장에 새로운 무엇인가를 제공함으로써 새로운 일자리를 창출하고, 전반적인 수요와 소비를 증가시킨다. 그들은 현재 있는 재화나 서비스를 활용하여, 그것을 아예 공급받지 못하거나 부족하게 공급받고 있는 이들에게 그것을 이용할 수 있는 길을 열어준다. 아니면 새로운 아이디어를 이용하여 그에 대한 욕구, 관심, 열의를 불러일으킨다. 즉 새로운 수요를 창출하는 것이다.

일례로, 헨리 포드Henry Ford가 발명한 것은 자동차가 아니라, 자동차를 제조하여 중산층에 보급하는 방법이었다. 포드의 기업가정신이 없었다면, 대부분의 사람들에게 자동차는 있으나마나 한 상품이었을 것이다. 포드는 단순히 여기서 생산을 늘리고 저기서 생산을 줄였던 것이 아니라, 전적으로 새로운 자동차 수요를 창출했던 것이다.

발명가의 강점 vs. 기업가의 강점

세계가 일자리 창출의 열쇠를 찾는 과정에서 헛다리를 짚고 있다고 이미 말한 바 있다. 열쇠가 있는 장소를 제대로 찾으려면, 세계는 발명가들과 기업가들 고유의 심리적 특성을 충분히 알아야 한다.

무엇인가에 대해 열정적이고, 의욕이 넘치며, 경쟁심이 강하다는 점에서 세계적인 발명가들과 기업가들은 비슷하다. 그들은 비슷한 점이 많다. 그러나 그들 사이에는 커다란 차이점이 있다.

발명가는 창의적이고 합목적적인 문제 해결자이다. 그들은 무엇인가를 이루어낼 보다 나은 방법들을 모색한다. 발명가들은 무엇인가를 발견하고 돌파구를 마련한다. 발명가나 혁신가는 선천적으로 비상한 머리와 뛰어난 창의력을 지닌, 지극히 재능 있는 사상가일 수도 있고, 열심히 학문을 갈고 닦아 후천적으로 소양을 갖춘 과학자일 수도 있다. 발명가들은 대개 무엇인가를 발전시키고자 하는, 타오르는 열정을 갖고 있다. 발명가들은 보기 드문 사상가들이다.

반면 기업가는 행동하는 사람이다. 그들은 낙관적인 태도와 굳은 의지를 비정상적으로 과다 보유하고 있는 사람들이다. 기업가들은 낙관적이기 때문에 장애물들을 보지 못한다. 또한 그들은 의지가 굳기 때문에 중간에 포기하는 법이 없다. 극히 낙관적이고 의지가 굳은 이들은 안 되는 일도 되게 만든다. 기업가들은 보기 드문 행동가들이다. 그리고 이 때문에 그들은 적어도 경제 발전, GDP 성장, 일자리 창출 문제에 관한한, 세상에서 가장 가치 있는 사람들이다.

보잘 것 없는 아이디어가 황금알을 낳는 거위로

내가 좋아하는 기업가들 가운데 한 명이 웨인 하이젱가Wayne Huizenga이다. 내 생각에, 그는 사회생활 가운데 세 가지 보잘 것 같은 비즈니스 아이디어를 보유했다.

〈사례1〉 웨이스트매니지먼트사

그는 쓰레기 수거 책임자로 일하던 중, 직접 쓰레기 수거 사업을 시작하기로 마음먹었다. 세계가 쓰레기 수거 업체를 더 필요로 하는 상황이 아니었기 때문에, 그것은 좋은 생각이 아니었다. 당시 쓰레기 수거는 원활히 이루어지고 있었다. 그럼에도 불구하고 그는 직접 쓰레기 수거 회사를 설립했고, 그 회사를 포춘Fortune 선정 500대 기업에 속하는, 수십억 달러 규모의 세계적인 우수기업으로 성장시켰다. 고객들에게 가치 있고 유익한, 지속가능한 환경 조성의 리더 기업, 일하기 좋은 기업, 그리고 국제적인 실세 기업으로 바꾸어 놓았던 것이다. 당신도 그 이름을 들어보았을 것이다. 웨이스트매니지먼트사Waste Management, Inc. 말이다.

궁금한 것은 웨이스트매니지먼트사를 수만 명의 매우 의욕적인 근로자들을 거느린 매우 성공한 미국 기업으로 만든 것이, 그리고 갖가지 양질의 일자리를 창출한 것이 그 아이디어인가, 아니면 웨인인가 하는 것이다. 대부분의 선도적인 글로벌 사상가들은 그의 기업가정신보다 우수한 아이디어 덕이었다고 생각한다.

웨인의 다음 아이디어는 분명 더 보잘 것 없는 것이었다. 유명 아웃렛들과 쇼핑몰들 그리고 소규모 독립 건물들에서 영화 비디오를 대여하는 사업이었다. 내게 보기에도 그것은 그리 좋은 아이디어가 아니었다. 사실 나는 그를 위해 그 사업의 전망에 대한 리서치를 상당 부분 담당했었다. 그리고 그 사업은 그의 두 번째 수십억 달러짜리 기업으로 성장했다. 바로 포춘 선정 500대 기업인 블록버스터사Blockbuster Inc.이다. 블록버스터사 역시 수백만 명의 고객들과 십만 개의 새로운 일자리를 창출한, 미국의 우수 기업이었다.

그 때문에 웨인은 과거에 누구도 해내지 못한 일을 이루어냈다. 즉 일생에 포춘 선정 500대 기업에 속하는 기업을 두 개나 설립하는 성과를 거두었던 것이다. 그 회사들을 포춘 선정 500대 기업으로, 그리고 수천 명의 직원들에게 일하기 좋은 직장으로 만든 것은 그 아이디어였을까, 아니면 웨인이었을까?

그리고는 그는 한 가지 더 보잘 것 없는 아이디어를 갖고 있었다. 바로 미국 전국 체인망을 갖춘 중고차 판매업체를 설립하는 것이었다. 그는 그 회사를 오토네이션사AutoNation, Inc라고 이름 지었다. 그 회사는 수십억 달러 규모의 회사로, 그의 세 번째 포춘 선정 500대 기업이 되었다.

그렇다면 이 충격적인 성공을 무엇으로 설명할 수 있을까? 혁신으로, 아니면 웨인으로? 어떤 아이디어든 웨인이 선택하면 좋은 아이디어가 되는 것 같기 때문에, 이것은 정말 중요한 질문이다. 웨인의 경우에서 예측 가능한 성공 변수는 "어떤 아이디어든 웨인이 선택하면 좋은 아이디어가 된다. 웨인이 그 아이디어로 유효한 비즈니스 모델을 만들기 때문이다."라는 것이다. 결코 "웨인이 혁신적인 아이디어를 잘 골라내기 때문"이 아닌 것이다. 그러나 대부분의 선도적인 사상가들은 웨인이 혁신적인 아이디어를 잘 골라내기 때문이라고 여전히 믿고 있다.

웨인이 갖고 있는 모든 것 - 그가 지닌 모든 재원財源, 관리팀, 돈, 자동차 열쇠 - 을 빼앗고 마이애미 시내의 방 한 칸짜리 아파트에 그를 가둔다고 해도, 나는 그가 그 방에서 수십억 달러 규모의 포춘 선정 500대 기업을 탄생시킬 것 같다. 극히 낙천적이고, 포기할 줄 모르는 굳은 의지를 지녔으며, 넘치는 에너지를 보유하고 있기 때문에, 웨인은 크게 성공할 기업을 설립할 수 있는 것이다. 그는 그러한 기업을 설립하는 데 혁신적인 돌파구가 필요하지 않은 것이다.

아이디어보다 사람을 연구하는 것이 더 현명한 방법이다.

〈사례2〉 CNN
내가 좋아하는 또 한 명의 미국인 기업가는 테드 터너Ted Turner

이다. 나는 24시간 뉴스 채널을 만드는 것을 좋은 아이디어라고 생각하지 않았다. 나 역시 초기에 24시간 뉴스에 대한 시장 조사를 한 적이 있다. 어떤 이도 더 많은 뉴스를 원하지 않았고, 테드가 보여주고자 했던 뉴스는 그저 여러 번 반복 재생되는 뉴스였다. 나는 리서치 자료를 장시간 살펴볼 필요도 없다고 생각했다. 24시간 뉴스는 별 볼일 없는 아이디어였다. 그것은 비행기나 트랜지스터의 발명 같은 사건도, 밴 앨런Van Allen의 방사능대의 발견 같은 사건도 아니었다. 낮에 일하는 사람들이 실질적으로 그것을 볼 수 있으려면 은행이 오후 늦게까지 근무 시간을 연장해야 하는, "기가 막힌" 아이디어이다.

물론 테드 터너는 많은 노력을 필요로 하는, 매우 변변치 않은 아이디어를 이용하여, 애틀랜타의 소기업으로부터 수십억 달러 규모의 세계적인 텔레비전방송사이자, 투철한 사명감과 막대한 수익을 자랑하는 유명한 기업인 CNN을 탄생시켰다.

그러나 테드 터너는 온몸으로 낙관적인 성품과 굳은 의지를 뿜어내는 사람이다. 그러므로 그가 어떤 아이디어를 선택하든, 그것은 방송계에서 그 다음 "유망한 아이디어"가 된다. 그는 그저 자신의 에너지를 쏟아 부을 대상이 필요했다. 그리고 마침내 그는 그 대상으로 24시간 뉴스, 오래된 영화, 그리고 요트경기를 찾아냈다.

그의 가장 새로운 혁신은 버팔로 목장 사업이다. 솔직히 말하면 버팔로 목장 사업과 버팔로 고기 요리를 판매하는 레스토랑 체인이다. 그것은 정말 좋은 않은 아이디어이다. "저런, 내가 그런 생각을 했었더라면 좋았을 텐데"라고 말할 사람이 세상에 한 명도 없을 정도이다. 그것은 끔찍한 아이디어이지만, 테드는 어떤 아이디어든, 끝없는 낙관과 굳은 의지로 그것을 성공시키기 때문에 그 아이디어 역시 효과를 거둘 것이다. 그리고 그의 성공으로, 매우 열성적인 근로자들을 위한 수천 개의 새로운 양질의 일자리들이 창출될 것이다.

〈사례3〉 이베이

정말 바보 같은 혁신을 한 가지 더 살펴보자. 그것은 바로 사람들이 서로에게 쓸모없는 물건을 사고파는 인터넷 사이트이다. 그곳은 한 마디로 하루 24시간 그리고 일주일 내내 전 세계를 대상으로 중고품 세일을 하고 있는 것이다. 내 생각에 그것은 최악 중의 최악인 아이디어이다. 내가 보기에 그 혁신은 "결코 결코 결코 먹히지 않을 아이디어"였다. 그럼에도 불구하고 멕 휘트먼은 그 혁신을 선택했고 그 결과 이베이eBay를 탄생시켰다.

이베이는 지난 25년 동안 매우 높은 수익을 올린, 새로운 우수 기술 기업일 뿐 아니라, 수천 개의 새로운 양질의 일자리들도 창출하고 이베이 시스템을 통해 거래하는 수백만 명의 고객들에게 이익도 가져다주었다. 이베이는 대표적인 자유기업이다. 이베이가 보잘 것 없는 아이디어일 수도 있지만, 멕은 그것을 획기적인 아이디어로 만들었다. 그녀는 어떤 아이디어든 효과가 있도록 만들기 때문에, 그녀가 선택하는 아이디어는 세계 최고의 중대한 성공을 이루어낼 가능성이 매우 높다.

멕은 보기 드물게 낙관적인 태도와 굳은 의지로 자신의 에너지를 쏟아 부을 행운의 대상을 찾아낼 것이다. 그리고 훨씬 더 운좋은 수천 명의 노동자들은 그런 그녀 덕에 이베이에서 양질의 일자리를 찾을 수 있었다.

양질의 일자리를 창출하는 것이 혁신일까, 아니면 기업가정신일까? 그것은 두 가지 모두일 것이다. 그러나 기억해야 할 한 가지 중요한 사실은 유능한 기업가의 선택을 받지 못한다면 혁신 그 자체는 무가치하다는 것이다.

하지만 기업가는 보기 드문 존재이다. 미국이 모든 것의 3분의 1을 발명하지 않고는 승리할 수 없는 상황이지만, 미국은 우선적으로 세계적인 기업가정신에 훨씬 더 주목해야 한다. 그것은 일자리를 창출하는 것이 기업가정신이기 때문이다. 많은 이들이 좋은 아이디어를 갖고도, 새로운 사업에서 대개 실패하고 있다. 그것은 열정이 부족해서가 아니라, 고객이 부족해서이다. 매년 수백 개의 새로운 비즈니스가 탄생하고, 각각이 약간의 일자리를 창출한다. 그러나 그중에서 이륙에 성공하는 것은 극히 일부이다. 그것은 대부분이 승리하는 데 필요한, 포기할 줄 모르는 굳은 의지와 낙관적인 태도가 부족했기 때문이다.

이것이 기업가에게서, 즉 완전히 자신을 쏟아 부을 아이디어를 지닌 사람에게서 찾을 수 있는 특성이다. 기업가에게는 그러한 아이디어가 그 사람의 사고방식이 되고, 생활방식이 되고, 강박관념이 된다. 그리고 강박관념은 포기할 줄 모르는 굳은 의지와 낙관적인 태도를 한층 강화시키는 역할을 한다. 모든 사업에는 심각한 문제들이 있지만, 매우 유능한 기업가들은 그러한 문제들을 즐기며, 심지어는 환영하기까지 한다. 반면 무능한 기업가들은 그러한 문제들 앞에 무릎을 꿇는다. 그것이 단순히 기업가가 되고 싶어 하는 마음만으로는 충분하지 않은 이유이다. 사람들에게 보통의 방식으로 – 즉 단순히 창업 강좌를 듣고 대출을 받으면 창업 준비가 끝난다는 생각으로 – 기업가를 꿈꾸도록 독려하는 것은 실패할 환경을 조성해주는 것과 다를 바 없다.

미국은 창업하는 이들이 갖춰야 하는 자질이 무엇인지 이해할 필요가 있다. 현재 갤럽은 그것을 조사하고 있다. 기관 투자자들의 경우 이 조사 결과가 매우 중요한 의미를 가질 것이다. 새로운 경제 환경에서 투자자들은 무엇에 투자해야 하는지, 사람을 보고 투자해야 하는지 아니면 아이디어를 보고 투자해야 하는지 따져 물어야 할 것이다.

교육 심리학자들은 놀랄 정도로 정확하게 타고난 학습 능력 순으로 학생들을 줄 세울 수 있다. SAT나 IQ 테스트를 통해 그들은 과학, 수학, 언어, 기술, 공학, 그리고 의학 분야에서 높은 잠재력을 지닌 학습자를 찾아낼 수 있다. 그러나 동일한 교육 심리학자들에게 타고난 기업가 자질 순으로 이 동일한 학생들을 줄 세우라고 한다면, 아마도 그들은 어떻게 해야 할지 모를 것이다.

일부 리더들은 누구든 교육을 받으면 기업가가 될 수 있다고 믿고 있다. 잘못된 생각이다. 기업가들은 보기 드문 재능을 갖고 있다. 나는 1000명 당, 세 명 정도만 연간 5000만 달러 이상의 매출을 올릴 기업을 키워낼 잠재력을 갖고 있다고 추정한다.

그러나 교육계에서 최상의 학습자들을 육성할 프로세스들을 지금까지 구축해왔지만, 미국은 여전히 재능 있는 기업가들을 양성할 방법을 모르고 있다. 혁신은 과잉 공급되고 기업가정신은 과소 공급되고 있는 것도 이 때문이다. 미국은 그 동안 미스터리한 자질들의 개발을 운에 맡겨 놓은 채, 통제하기 쉬운 자질들의 육성에만 열을 올렸던 것이다.

8장

갤럽의
기업 로드맵

- 불만족스런 근로자가 불민족한 고객을 낳는다
- 몰입형 근로자 vs. 몰입 저해형 근로자
- 근로자들의 몰입도를 알아보는 '12가지 심리 평가'
- 몰입도 상위 25퍼센트의 결과물
- 강점 혁명을 일으킬 '갤럽 로드맵'
- 직원을 살리는 강점 리더십
- 국가가 하나의 거대한 기업이라면

G . a . l . l . u . p . R . e . p . o . r . t

>>>

불만족스런 근로자가 불만족한 고객을 낳는다

현재 미국에는 600만 개가 넘는 기업들이 활동하고 있다. 그리고 이러한 일터들 속에 향후 2000만 개의 사업체 창출의 의지가 자리하고 있다. 많은 신생기업들이 이러한 기존 기업들 속에서 배양되고 있다. '사내 기업가intrapreneur'들이 각자의 회사에서 새로운 비즈니스 모델을 창출할 때, 혹은 '기업가entrepreneur'들이 리스크를 무릅쓰고 창업을 할 때, 그러한 신생기업들이 모습을 드러낼 것이다. 미국은 이 두 가지 모두가 필요하다. 세계 모든 도시가 이 두 가지 모두를 필요로 하고 있는 것이다.

여기서 잠시 세계에서 가장 방대한, 직장에 관한 행동 경제학 데이터를 간략히 살펴보도록 하자. 그 데이터는 직장에서의 생산성에 관한 갤럽의 연구로부터 얻는 것으로, 직장생활에서 중요한 12가지 요소로 구성되어 있나. 10년 넘게 갤럽은 수백 명의 세계 근로자들을 대상으로 12가지 요소에 관한 설문조사를 실시했고, 설문조사 때마다 동일한 결론을 얻어냈다. 즉 불만족스런 근로자가 불만족하는 고객을 낳는다는 결론 말이다.

그것은 불 보듯 훤한 사실처럼 보인다. 하지만 개별 작업 단위당 불만족스런 근로자와 고객 반응 사이의 상관관계를 알 수 있는, 믿을 수 있는 척도를 어느 회사에서든 한 번 찾아보라. 모든 기업이 매출과 이익 간의 상관관계, 혹은 매출과 제품 결함 간의 상관관계에 대해서는 신뢰할 수 있는 데이터들을 갖고 있지만, 작업 집단별 불만족 지수에 대해 아는 기업은 거의 없을 것이다.

현재 회사에 불만족 지수가 없을 경우, 회계 담당부서라면 그것을 만들어낼 수 있을 것이다. 물론 1,2년 정도 시간이 걸리긴 하겠지만 말이다. 나는 (비즈니스 형태에 따라, 하루에서 2년 사이의 데이터들로써) 쉽게 찾을 수 있는 모든 데이터로부터 근로자에 대한 불만족이 선행지표임을 발견했다. 다시 말해 고객이 등을 돌리는 사건이 발생한다면, 하루 전에서 2년 전 사이에 그 회사의 누군가가 고객을 홀대하는 일이 있었을 것이란 얘기다. 고객이 등을 돌리면 즉시 일자리가 줄어들게 된다.

그러나 이미 말한 것처럼, 기업들은 자사의 불만족 지수를 거의 알지 못한다. 그리고 작업 단위당 고객과 근로자 간의 미묘

한 행동 경제학적 상관관계를 잴 수 있는 척도를 갖고 있는 기업도 전 세계적으로 거의 없다. 리더들이 그릇된 척도들에 끌리고 있기 때문에, 이러한 정보는 찾아보기 힘든 것이다. 그러므로 그들은 진정 관심을 쏟아야 할 곳보다 그렇지 않은 곳에 더 관심을 쏟는 잘못을 저지르고 있다. 예를 들면 근로자들을 대상으로 설문조사를 할 때 보상, 복지 혜택, 휴가, 주차시설, 그리고 휴게시설 등에 관한 질문이 주를 이루고 있다. 그러한 설문조사에 매출 증가와 그에 따른 일자리 창출 간의 통계학적 상관관계를 알수 있는 그런 질문들은 결여되어 있다. 한 마디로 설문조사의 질문들이 잘못되었고, 그로인해 리더들은 헛고생을 하고 있는 것이다.

몰입형 근로자 vs. 몰입 저해형 근로자

식스시그마(Six Sigma: 품질혁신과 고객만족을 달성하기 위한 전사적 기업경영 전략으로, 그중 하나가 결함 발생수를 백만 개당 3.4개 이하로 낮추려는 품질 경영 전략이다 - 옮긴이) 예찬론자들의 경우, 불만족스런 근로자, 특히 불만족스런 관리자는 '결함'이다. 그들은 기업뿐 아니라, 고객에게도 그리고 궁극적으로는 국가에도 결함으로 작용한다. 갤럽은 매우 불만족스런 근로자 - 이들이 다른 이들의 의욕도 저하시키기 때문에 갤럽에서는 그들을 "몰입 저해형 근로자"라고 부른다 - 의 수를 미국 전체적으로 2000만 명으로 보았다. 미국에서는 약 1억 명의 성규직 근로자들 가운데 2000만 명이 "몰입 저해형" 근로자인 것이다.

세계 최고의 일자리들을 다시 손에 넣기 위해서는 혁신 및 기업가 전쟁에서 승리를 해야 한다. 미국이 그 전쟁에서 이길 경우, 처음에는 그들이 직접 자국의 발명품들을 제조할 것이다. 미국은 제조 부문에서 일시적으로 세계 최고의 자리를 차지할 것이다. 그러나 얼마 안 있어 다른 나라들의 훨씬 저렴한 노동력이 그 제조 부문을 장악하게 될 것이다.

미국이 특정 발명품을 이용하여 훌륭한 비즈니스 모델을 창출하고, 그에 대한 소유권을 보유한 가운데 세계 시장을 상대로 그것을 판매한다면, 노동력이 저렴한 다른 국가들이 제조를 도맡아하는 것이 문제될 것은 없다. 현재 이런 간단한 미국의 세계 무역 및 경제 전략이 다양한 생산적인 방식으로 효과를 거두고 있는 것만 보아도 알 수 있다. (아이팟iPod을 생각해보라) 이러한 기본 전제는 혁신가가 될 미국의 능력, 기업가가 될 미국의 능력, 그리고 특히 진정한 GDP 성장과 일자리 창출을 이루어낼 세계적인 수준의 비즈니스 모델을 창출할 미국의 능력에 따라 달라질 수 있다.

에너지가 부족한 직장, 혹은 갤럽의 표현처럼 몰입을 저해하는 직장에서는 이 전제가 흔들릴 수 있다.

불만족스런 근로자 대 의욕적인 근로자에 대한 행동 경제학적 표준 상에서, 미국은 현재 어디에 와 있는가? 앞에서 이미 언급한 것처럼, 현재 미국에는 1억 명이 넘는 근로자들이 실질적으로 정규직으로 일하고 있다. 갤럽에 따르면, 미국의 근로자들 가운데 28퍼센트가 "몰입형"이고, 53퍼센트가 "비몰입형"이며, 19퍼센트나 되는 근로자가 "몰입 저해형"에 속한다.

53퍼센트의 비몰입형 근로자들은 일에 지장을 주거나 적대적이지는 않다. 그들은 문제를 일으키는 골치 아픈 존재가 아니다. 그저 그들은 고객, 생산성, 수익성, 낭비, 안전, 임무, 팀의 목적, 혹은 고객 개발에 적극적인 관심을 보이지 않은 채, 자기 자리를 지키며 시간을 죽이고 있을 뿐이다. 그들이 관심을 갖는 대상은 점심시간이나 휴식시간이다. 기본적으로 그들은 마음이 "외출 중"에 있다. 매우 중요한 것은 이들이 단순히 지원팀이나 영업팀 직원이 아니라, 임원이라는 것이다.

그리고 19퍼센트의 '몰입 저해형' 근로자들은 기업을 분열시키고 와해시킨다. 그들은 관리자들을 지치게 하고, 보다 잦은 현장 사고를 겪으며, 보다 많은 품질 결함을 유발하며, (도난을 순화시킨 표현인) 재고자산 감모손실에 한 몫을 한다. 그들은 '몰입형' 근로자들보다 나약하고 결근을 더 많이 하고 이직률이 더 높다. '몰입형' 근로자들이 무엇을 하든, '몰입 저해형' 근로자들은 그것을 방해하려고 한다. 만약 당신이 다른 아홉 명의 임직원들과 회의를 힐 경우, 아마도 그들 가운데 두 명은 당신이 계획하고 있는 바를 방해하기 위해 메모를 하고 있을 것이다.

28퍼센트의 '몰입형' 근로자들은 일하기 가장 좋은 동료들이다. 그들은 조직을, 기관을, 혹은 단체를 일으켜 세우기 위해 협력한다. 그들은 조직에서 일어나는 모든 좋은 일들의 배후에 있는 창조력의 원천이다. 조직에서 그들은 새로운 고객들을 창출할 유일한 사람들이다.

국가는 '몰입형' 근로자들의 수를 두 배로 증가시켜야 비로소, GDP 성장에 필요한 기업가정신이 폭발적으로 증가할 것이다. 특히 일자리를 창출하는 중소기업들의 스윗스팟에서, 하지만 실제로 모든 기업에서 그들의 수를 두 배로 증가시켜야 한다. '몰입형' 근로자들의 수가 두 배가 된다면, 상호 연결되어 있는 직장들의 전국망을 통해 흐르는 상업적 에너지와 아이디어도 두 배로 늘어날 것이다. 그렇게 되면 미국에서는 세계 최고의 일자리들이 증가하게 될 것이다.

근로자들의 몰입도를 알아보는 '12가지 심리 평가'

75년 넘게, 갤럽은 직장에서 상상할 수 있는, 모든 심리 상태를 헤아리고 분류하고 분석해 왔다. 그 결과 우리는 행동 경제학에 기초한, 12가지 기준을 찾아냈다. 사실상 모든 성과가 바로이 12가지 심리 범주에서 비롯된 것이라 할 수 있다. 우리가 찾아낸 심리 범주는 45개나 80개가 아니라, 12개이다. 이 12가지 범주는 서로 독립적이고 확실히 구별이 된다.

또한 갤럽은 이 12가지 심리 상태 이외에 ("나는 충분한 보상을 받고 있다" 같은) 다른 변수들은 '몰입형' 근로자와 '비몰입형' 근로자 간에 커다란 차이가 없음을 발견했다. 재계와 산업계, 소매업, 접객업, 제조업, 정부기관, 비정부기구NGO, 군부대, 교육기관을 통해, 즉 사실상 세계의 거의 모든 일자리를 통해, 그리고 모든 일자리 변수를 통해, 이 12가지 항목들은 통계학적으로 유의미하다.

12가지 설문조사 항목에 대한 근로자들의 답변에 따라, 모든 근로자들을 세 가지 부류, 즉 '몰입형', '비몰입형', '몰입 저해형'으로 분류할 수 있다. 12가지 설문조사 항목은 다음과 같다.

질문1.   나는 직장에서 내게 무엇을 기대하고 있는지 알고 있다.

질문2.   나는 일을 완수하는 데 필요한 기자재를 구비하고 있다.

질문3. 매일 직장에서 내가 가장 잘 하는 일을 할 수 있는 기회가 있다.

질문4. 지난 일주일 동안 나는 일을 잘 했다고 칭찬이나 인정을 받은 적이 있다.

질문5. 직장에서 누군가가 혹은 상관이 한 인간으로서 나를 진심으로 걱정해주는 것 같다.

질문6. 내가 발전할 수 있도록 의욕을 북돋워줄 누군가가 직장에 있다.

질문7. 직장에서 내 의견이 중요시되고 있다.

질문8. 우리 회사의 목적이나 임무를 달성하는 데, 나의 업무가 중요한 역할을 한다.

질문9. 나의 동료들, 혹은 동료직원들은 업무를 훌륭히 완수하기 위해 열과 성을 다한다.

질문10. 나는 직장에 가장 절친한 친구가 있다.

질문11. 지난 6개월 동안 나의 발전에 관한 이야기를 직장의 누군가와 나눈 적이 있다.

질문12. 지난 1년 동안 나는 직장에서 배우고 성장할 기회를 가졌다.

훌륭한 관리자 밑에는, 이 12가지 항목 모두에 5점 - 동의하는 정도에 따라 각 항목에 1점부터 5점까지의 점수를 매길 수 있고, 5점이 가장 높은 점수이다(5점은 "매우 그렇다"를 의미한다) - 이라고 답한 근로자들이 있다. 이 12가지 항목으로 측정할 수 있는, 근로자들과 관리자들 사이의 관계가 모든 혁신과 기업가정신, 진정한 매출 성장, 신규 고객, 일자리 성장 – 즉 모든 기업이 가장 필요로 하는 모든 것들 – 을 촉발시키고 고취시킨다.

이미 언급했던 것처럼, 매일 이 12가지 심리 상태에 높은 점수를 매기는 미국인 근로자들의 수가 두 배로 증가한다면, 갑자기 중대한 변화가 일어나게 될 것이다. 그것은 다른 무엇보다 빠른 일자리 성장을 불러일으킬 것이다. '몰입형' 근로자들의 수가 3000만 명에서 6000만 명으로 증가한다면, 그것은 다른 어떤 기관, 수조 달러의 경기부양, 혹은 상상할 수 있는 어떤 법률이나 정책보다 더 많이 미국의 얼굴을 바꾸어 놓을 것이다.

미국의 '몰입형' 근로자들의 비율이 28퍼센트에서 60퍼센트로 증가한다면, 혁신도 두 배가 되고 기업가정신도 두 배가 될 것이다. 근로자들의 의욕적인 참여가 새로운 고객을 창출하기 때문에, 그것은 갑자기 경쟁국들을 제압하는 데 필요한 상황들을 만들어낼 것이다.

이것은 가능한 일일까, 아니면 몽상에 불과한 것일까?

사실 갤럽은 이런 유형의 극적인 몰입도 증가를 항상 목격하고 있다. 세계의 여러 국가들 및 기업들에서 수십만 개의 작업집단에 속한 수백만 명의 근로자들을 조사해왔다. 우리는 기업들이 몰입도를 두 배, 심지어는 세 배로 끌어올리는 것을 목격한 바 있다.

　최근 갤럽은 메타분석(meta-analysis: 단일 주제에 관한 누적된 연구 결과들을 종합적으로 검토하는 객관적인 연구 기법 – 옮긴이)을 통해, 26개국의 44개 산업에서 152개 기관을 대상으로 실시된, 199개의 리서치 연구 결과를 살펴보았다. 각각의 연구에서, 갤럽은 사업단위 및 업무단위별로 근로자의 몰입도와 기관이 달성한 성과 사이의 관계를 통계학적으로 계량화했다. 전체적으로 갤럽은 95만 5,905명의 근로자들을 대상으로 3만 2,394개의 사업단위 및 업무단위를 조사하며 아홉 가지 항목 – 즉 고객 충성도/몰입도, 수익성, 생산성, 이직률, 안전사고, 재고감모손실, 결근율, 환자 안전사고, 그리고 품질결함을 면밀히 살폈다.

몰입도 상위 25퍼센트의 결과물

　갤럽이 찾아낸 바에 의하면, 갤럽의 근로자 몰입도 데이터베이스의 상위 1퍼센트에 속하는 작업집단이 일에서 평균 이상의 성과를 올릴 가능성이 하위 1퍼센트에 속하는 작업집단이 그럴 가능성보다 거의 5배 높았다. 하위 25퍼센트에 속하는 사업 단위와 비교할 때, 상위 25퍼센트에 속하는 사업 단위는 고객 충성도에서 12퍼센트 더 높고, 생산성에서 18퍼센트 더 높으며,

수익성에서 16퍼센트 더 높다. 또한 이러한 상위 25퍼센트 사업 단위는 결근율이 37퍼센트 더 낮고, (이직률이 높은 조직들의 경우) 이직률이 25퍼센트 더 낮으며, (이직률이 낮은 조직들의 경우) 이직률이 49퍼센트 더 낮으며, 도난율이 27퍼센트 더 적으며, 안전사고가 49퍼센트 더 적고, 환자 안전사고가 41퍼센트 더 적으며, 품질 사고결함가 60퍼센트 더 적다.

그러므로 그것은 할 수 있는 일이다. 만약 미국의 모든 기관이 근로자의 몰입도를 두 배로 증가시킨다면, 미국은 닷컴dot-com의 급격한 성장기 때처럼 또 다시 세계를 놀라게 할 것이다. 미국은 기업가정신과 혁신에 동력을 공급하는 인적 에너지를 두 배로 늘림으로써 승리하게 될 것이다.

기업들과 정부기관들, 학교들, 공장들, 그리고 미국의 모든 업무현장이 몰입도가 높은 근로자들을 두 배로 증가시켜야 한다. 그렇지 않으면 미국은 경쟁력을 상실하게 될 것이다. 전국적으로 몰입도를 두 배로 높이는 일은 몽상이 아니다. 현재 크고 작은 조직들이 그렇게 하고 있기 때문이다. 또한 그렇게 함으로써 그들은 보다 많은 고객들을 창출하고 수출을 증가시키고 있다.

직장에서 '판도를 바꿀' 자원은 우선 강력한 인성의 힘행동 경제학에 있다. 막대한 자금력고전 경제학은 그 다음이다. 그 자원은 바로 '몰입형' 근로자이다. 그러나 그 자원은 근로자의 손이 아니라,

그들의 머릿속, 그리고 기업가적 에너지 속에 있다. 발견과 돌파구 마련의 가능성, 수조 달러의 확실한 수입을 올릴 가능성, 조직을 위해 수백만 달러에서 수십억 달러를 벌어들일 가능성, 수백만 개의 양질의 일자리를 창출할 가능성, 그리고 그 결과로써 미국의 실질 GDP를 성장시킬 가능성이 근로자의 심리 상태에 달린 것이다.

인간의 상상력과 굳은 의지를 이용할 가능성은 무한하다. 인류 발전이 기술의 폭발적 증가를 야기하고 있기 때문에 기술은 폭발적으로 증가하고 있다. 토머스 에디슨은 이렇게 말했다. "우리는 어떤 것에 대해 1퍼센트의 백만 분의 1도 알지 못한다." 그리고 그것은 인간의 잠재력을 극대화시키는 문제에도 해당되는 이야기이다. 그러나 다행히 우리는 행동 경제학과 관련된 지식을 넓혀 가고 있다.

강점 혁명을 일으킬 '갤럽 로드맵'

어떤 조직에서 인성이 각 단계별로 하는 역할을 추적하는 일련의 요소들이 있다. 우리는 그것을 갤럽 로드맵The gallup Path이라고 부른다. 갤럽은 50만 개의 독립적인 국제 사업부문을 포함해, 근로자들과 고객 간의 상호작용에 대한 데이터베이스로부터 이 일련의 요소들을 찾아냈다.

다음 갤럽 로드맵을 밑에서부터 한 단계씩 따라가 보자.

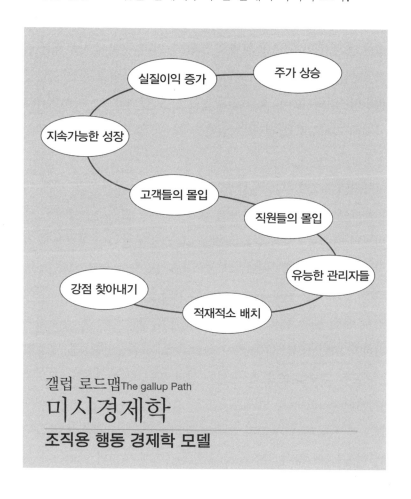

이익 증가가 주가 상승에 가장 큰 영향을 미치는 단일 요인이기 때문에, 상장 기업들은 이익 증가를 추구한다. 기업의 이익이 증가하고 주가가 상승하면, 다른 모든 일이 순조로워진다. 모든 이의 일자리가 안전해진다. 리더들은 주주들과 언론의 영웅이 되고, 보너스도 받는다. 기업이 하는 일이 효과를 거두고 성공을 거듭하기 때문에, 기업은 성장 활동에 투자하고, 연구개발을 늘리며, 상품개발과 사내 창업을 늘리고, 세계 곳곳에 사무소를 열고, 기업들을 인수하고, 퇴직연금 및 연금기금의 회사 부담금을 늘리며, 지역사회의 요구에 시간과 돈을 할애하고, 지속적으로 차세대 리더들을 양성할 수 있다.

이익이 증가하고 주가가 상승하면, 기업은 거의 모든 경제 네트워크에, 특히 자사의 본부가 있는 도시에, 엄청난 긍정적인 에너지를 불어넣을 수 있다. 그것은 그 도시가 에너지 공급원에 가장 가까이 있기 때문이다. 그 사이 그 기업은 자사가 속한 도시, 주정부, 그리고 연방정부에 거액의 세금을 바친다. 그리고 그 기업은 매우 많은 경제 에너지를 생산하고 있기 때문에, 끊임없이 자사가 속한 도시와 주州의 자선활동 및 사회공헌활동을 후원할 수 있다. 그 기업은 같은 도시에 살고 있는 모든 이에게 그 도시를 매력적이고 생기 넘치는 곳으로 만들어줄 수 있는 한편, 세계 최고의 근로자들 가운데 일부를 고용할 수 있고 향후에는 그러한 이들을 더 많이 끌어들일 수 있다. 어떤 조직의 이익이 증가하고 주가가 상승하면, 온갖 부류의 모든 조직과 모든 개인이 많든 적든, 그 혜택을 얻게 된다.

성공한 지역사회 기업들이 일자리 창출의 엔진일 뿐만 아니라, 지역사회 개선 및 공동체 발전의 엔진인 것도 그 때문이다.

지역사회 조직들은 이런 저런 방식으로 중소기업들로부터 재정적인 지원을 받는다. 커다란 이익을 내고 있는, 성공한 기업들이 현지의 풍부한 사회적 자본social capital을 움직인다.

이러한 사실을 아는 리더들이 거의 없다. 그러나 휴렛패커드HP, 앤테일러Ann Taylor, 애플Apple, 구글Google, 월마트Walmart, 할리데이비슨Harley-Davidson, 혹은 우리가 들어본 적도 없는 수천 개의 기업들의 이익이 증가하고 주가가 상승하면, (많든 적든) 어느 정도는 모든 이가 그 영향을 받게 된다. 당신이 그 회사의 직접적인 주주든 아니든 말이다. 모든 비즈니스 성공이 경제 전체에 파급효과를 미친다.

여기서 행동 경제학은 어떤 역할을 할까? 이익이 증가할 경우 주가가 상승할 가능성은 약 80퍼센트 정도 된다. 실질 매출 성장이 이익 증가로 이어질 가능성은 약 80퍼센트이다. 조직이 이익을 증가시킬 수 있는 방법이 많이 있다. 식스시그마나 린 경영(lean management: 일본의 도요타 생산 시스템TPS을 미국식 환경에 맞게 재정립한 것으로 자재 구매에서부터 생산, 재고관리, 유통에 이르는 모든 과정에 손실을 최소화하여 최적화하는 경영 기법 – 옮긴이)으로 거액의 비용 절감을 이루어낼 수도 있고, 대차대조표를 재구성할 수도 있으며, GAAP(generally accepted accounting principles: 일반적으로 인정된 회계원칙, 일명 GAAP. 기업실체가 회계행위를 할 때에 준수해야 할 지침 – 옮긴이)을 이용할 수도 있고, 신상품이나 중대한 인수 계획을 발표할 수도 있다. 이러한 방법들 모두가 주가를 상승시킬 수 있지만, 실질 매출 성장이 있을 때, 특히 그 성장이 유기적인 성장일 때, 지속적이고도 확실한 이익 및 주가 상승이 일어날 것이다. 일자리 창출 측면에서는 유기적 성장이 (인수·합병 등에 의한) 인위적인 성장보다 유리하다. 가령 인수·합병의 경우 그로인해 창출되는 일자리보다 사라지는 일자리가 더 많기 때문이다.

만약 예측 통계를 좋아한다면, 당신은 분명 "어떤 리더십 활동으로 혹은 어떤 행동 경제학 변수로 실질 매출 증가를 가장 잘 예측할 수 있겠습니까?"라고 물을 것이다. 그 대답은 고객의 몰입도이다. 갤럽의 과학자들은 고객 만족도보다 고객 몰입도를 더 중요하게 생각한다. "만족감"으로는 고객들이 무엇인가를 보다 많이, 보다 자주 구매할지를 제대로 예측할 수 없기 때문이다. '몰입 정도'가 매출 증가 여부를 보다 정확히 예측할 수 있는 가늠자이다.

설문조사를 통해 찾아낸, 한 가지 중요한 결과는 고객 몰입도가 증가하면 매출이 증가한다는 것이다. 기업과의 파트너십 구축 항목에 (1점에서 5점 가운데) 5점을 준 고객은 4점 이하를 준, '몰입도가 보다 낮은 고객'이 하지 않는 다음 세 가지 행동을 할 것이다. (대부분의 간부들은 4점이면 괜찮은 평가라고 생각한다, 하지만 사실은 그렇지 않다)

1. 보다 자주 구매한다.

2. 한 번 방문할 때마다 보다 많이 소비한다.

3. 보다 높은 이문을 가져다준다.

미국 기업들은 고객 몰입도 평가에서 세계에서 가장 높은 점수를 받아야 한다. 그래야 비로소 미국 기업들은 모든 미국 고객들의 마음을 얻게 될 것이기 때문이다. 그리고 그 다음 그들은 천천히 하지만 분명히, 세계 모든 고객들의 마음 역시 얻게 될 것이다. 맥도날드, 카길(Cargill: 미국의 대표적인 세계 곡물 기업 - 옮긴이), 스타벅스, IBM, 그리고 여타 기업들이 했던 것처럼 말이다. 만약 그들이 고객의 마음을 얻지 못한다면, 그들은 천천히, 그리고는 급작스럽게 미국의 모든 비즈니스를 빼앗기게 될 것이다. 과거에 미국이 독일과 일본에게 자동차 산업을 빼앗겼던 것처럼 말이다.

글로벌 고객 경쟁은 우주 경쟁과 다르지 않다. 세계를 다시 손아귀에 넣으려면, 미국이 달에 첫발을 디딘 국가였던 것처럼, 미국 기업들은 고객 경쟁에서도 첫 번째가 되어야 한다. 세계 최고의 고객들을 모두 손에 넣는 것은 미국한테는 "달에 첫발을 내딛는 순간"이 될 것이다. 고객에게 제공할 모든 제품을 반드시 직접 제조해야 고객을 확보할 수 있는 것은 아니다. 하지만 발명,

디자인, 엔지니어링, 전략, 금융수단, 세계적인 물류시스템, 리더십 개발, 조언, 교육, 그리고 비즈니스 모델에서는 최고가 되어야 한다.

고객을 확보하려면, 끝없는 발견과 응용으로 세계를 이끌어야 할 뿐 아니라, 기업가정신과 혁신, 그리고 직장에서의 에너지 측면에서도 세계 다른 모든 국가들을 앞서 가야 한다. 당신은 무슨 말인지 이해할 것이다. 미국은 세계 고객 정보를 손에 넣고, 거기서부터 다시 전략을 세워야 한다. 미국에서 세계 최고의 일자리들을 창출하기 위해 우선 비즈니스 모델을 확보하고, 양질의 GDP의 성장이라는 목표를 향해 총력을 기울여야 한다.

갤럽 로드맵을 따라가다 보면, 고객 몰입도가 매출 성장과 주가 상승을 부추기고, 직원의 몰입도는 고객의 몰입도를 부추긴다. 고객과 직원이 만나는 교차점에서 당신은 회사 전체에 불어넣을 수 있는, 가장 강력한 에너지를 찾을 수 있다. 이 에너지는 고객이나 직원 어느 한 쪽에 있는 것이 아니라, 바로 고객과 직원이 서로 만나는 교차점에 있다.

일반적으로 우수한 상품들과 효과적인 마케팅과 광고, 훌륭한 고전 경제학의 도움이 필요하지만, 당신이 구사할 수 있는 가장 강력한 전술은 몰입도가 높은 직원들의 수를 늘리는 것이다. 몰입도가 높은 직원들이 있으면 당신은 도미노 현상을 기대할 수 있다. '몰입형' 근로자가 고객의 몰입도를 높이고, 고객의 몰입도는 매출 성장을 일으키고, 매출 성장은 이익 증대를 가져다주고, 이익 증대는 주가 상승을 야기하는 일련의 도미노 효과를 말이다. 그리고 나면 모두가 승리의 기쁨을 맛볼 수 있을 것이다.

직원을 살리는 강점 리더십

이 모든 일을 완벽히 성공시키려면, 조직들은 직원들의 강점들 - 다시 말해 주어진 임무를 일관성 있게 거의 완벽히 해내는 능력 - 에 주목해야 한다. 조직들의 강점이 아니라, 직원 개개인의 강점에 말이다.

갤럽 로드맵이 "강점 파악하기" 단계를 출발점으로 삼고 있는 것도 그 때문이다. 만약 이 단계를 제대로 거치면, 직원들은 자신의 재능과 강점에 맞는 역할을 맡게 될 것이다. 직원들의 몰입도를 두 배로 증가시키는 데 있어 이것은 매우 중요하다.

만약 직원들의 강점을 파악한다면, 당신은 내성적인 사람에게 영업업무를 맡겨놓고 무작정 판촉전화를 하도록 내몰거나, 주의력결핍과잉행동장애ADHD가 있는 마케팅 관리자에게 회계업무를 맡기거나 극히 개인주의적인 사람을 관리책임자로 발탁하는 우를 범하지 않을 것이다. 일단 직원을 테스트하고 면접하여 채용하기로 마음먹었으면, 당신은 그 직원의 타고난 재능에 적합한 업무를 맡겨야 한다. 그렇지 않으면 당신은 갤럽 로드맵의 잠재력을 깨닫지 못할 것이다.

행동 경제학적 차원에서 아직 남아 있는, 한 가지 중대한 요구가 있다. 만약 이 요구가 제대로 충족되지 않으면, 그 이후 모든 것이 무용지물이 될 것이다. 개인의 강점을 신중히 진단하고, 사명감과 목적의식을 갖고 임무를 수행할 수 있는, 그의 재능에 맞는 역할을 맡겼으면, 그 다음에는 그 직원 위에 유능한 책임자가 있는지 확인해야 한다. 상관이 무능하면, 갤럽 로드맵 상의 다른 모든 것들이 흔들리게 될 것이다.

부하직원의 발전과 성장에 관심을 기울이는 훌륭한 상사까지 직원들에게 선사하고 나면, 당신은 무한한 잠재력을 지닌, 에너지 넘치는 활동적인 조직을 경영하는 데 필요한 기본 영역들을 성공적으로 설계한 것이다. 당신이 속한 도시에서 인재 발전소로서, 그리고 GDP 성장과 일자리 창출을 위한 경제 성장엔진으로서 당신의 조직은 무엇이든 될 수 있는 무한한 가능성을 갖고 있다.

국가가 하나의 거대한 기업이라면

리더로서 자질을 가장 잘 알 수 있는 순간은 누군가를 각 직급

별 책임자−다른 직원들의 재능과 기술을 발전시킬 책임을 맡을 사람−
로 임명하는 순간이다. 리더가 유능한 책임자를 고른다면, 모든
것이 순조롭게 돌아갈 것이다. 만약 부적합한 사람을 책임자로
임명한다면, 모든 것이 물거품이 될 것이다. 무능한 책임자를 해
결할 방법은 없다. 코칭으로도, 능력 강화 훈련으로도, 인센티브
나 경고로도 문제를 해결할 수 없다. 그 어떤 방법도 먹히지 않
을 것이다. 무능한 책임자는 결코 나아지지 않는다.

이 리더십 논리를 미국 전체 노동 인구에 적용해보자. 미국에
는 1억 명 이상의 정규직 노동자들이 있다. 그리고 책임자 1명이
10명의 근로자를 책임진다고 해보자. 미국이 하나의 거대한 기
업이고, 그 기업에 1억 명의 근로자들이 있다고 하면, 그들이 관
리·감독하는 관리자는 1000만이 될 것이고 그 관리자들을 통솔
하는 책임자는 100만 명이 될 것이다. 그렇다면 이 100만 명의
책임자들이 결국 미국이 세계 직장들과의 경쟁에서 이길 수 있
을지 없을지 결정짓게 될 것이다.

갤럽의 경제학적 추정에 따르면, 문제는 미국의 책임자 5명 가
운데 적어도 1명 정도가 위험한 정도로 무능하다는 것이다. 만약
당신이 미국 직장이 중국 직장을 이길 방법을 내게 묻는다면, 나
는 "무능한 책임자들을 오늘 당장 해고하라"고 말할 것이다. 유
능한 책임자들로 그들을 대체하라. 만약 책임자가 직원들을 성
장시키고 팀원을 통솔하는 데 서툴다면, 그들을 해고하라. 그들

은 더 나아지지 않을 것이다. 당신이 회사를 위해 무능한 책임자를 해고하는 것이 어렵다고 한다면, 국가를 위해서 그렇게 하라.

유능한 책임자들을 적재적소에 배치하는 것은 단순히 노동 시장만이 아니라, 사회 전체적으로 인재 설계talent engineering에서 가장 중요한 순간이다. 다른 어떤 결정보다 누가 책임자로 임명되느냐에 따라, 돈과 일자리, 그리고 GDP 증가 여부가 달라질 것이다.

당신은 하나의 기업으로서, 미국이 지금까지 어떻게 성공을 거두었는지 궁금할 수도 있다. 그것은 얼마 전까지는 미국과 유럽이 해당 지역에서 그리고 세계에서 치열한 경쟁에 휘말리지 않았기 때문이다. 몇몇 경우에는 사실상 독점적 지위까지 누렸다. 자동차업체, 전자업체, 텔레비전 방송국, 항공사, 그리고 다른 많은 기업들이 오랫동안, 특히 1960년대, 70년대, 그리고 80년대에는 거의 독점적인 지위를 누렸다. 중국이나 인도, 혹은 한국과의 경쟁이 없었다.

인적 자원과 그들이 지닌 잠재력이 과거에는 그리 중요하지 않았다. 세계화의 효과가 실질적으로 나타나기 전까지는 말이다. 1990년대에는, 그리고 특히 1970년대와 1980년대에는 책임자들과 팀들이 기업의 성공에 지금과 같이 중요한 역할을 하지 않았다.

다가오는 세계 일자리 전쟁에서 살아남으려면, 책임자들에게 새로운 요구를 해야 한다. 그들은 모든 결과에서 인간 본성이 하는 역할을 이해하고, 인간의 잠재력을 극대화하는 데 능숙해야 한다. 그렇지 않으면 미국은 어떤 측면에서도 그 전쟁에서 이길 수 없다.

그러므로 모든 리더십에 있어 행동 경제학이 새로운 심오한 역할을 할 수밖에 없다.

9장

갤럽보고서가
주목하는 고객학

- 반드시 이겨야 하는 전투
- 고객 충성도를 알아보는 '11가지 고객 몰입도 평가'
- B2B 기업들을 위한 '4가지 기업고객 몰입도 평가'
- 돈보다 소중한 유대관계
- 고객 중심으로 생각한다는 것
- 고객 통찰력을 키워라

G . a . l . l . u . p .   R . e . p . o . r . t

»»»

반드시 이겨야 하는 전투

일자리 전쟁에서 이기려면, 국가는 기업가정신과 혁신뿐 아니라, '고객학customer science'에서도 단연 앞서나갈 수 있어야 한다. 수십억 명의 새로운 글로벌 고객들을 창출하기 위해 최첨단 학문을 이용하지 않는다면, 미국 역시 새로운 일자리를 얻을 수 없다.

한 마디로 새로운 글로벌 고객들이 미국의 새로운 일자리를 창출하고 있다. 미국이 향후 5년 동안 수출을 세 배 이상 늘려야 하는 것도 그 때문이다. 그렇지 않으면 미국은 계속 내리막길을 걷게 될 것이다. 일자리 창출 및 GDP 성장을 위한 이 새로운 전쟁에서 글로벌 고객 전투가 결정적인 역할을 것이다. 누가 재화와 용역을 판매하든, 그리고 누가 소유주이든, 고객을 '소유'하는 기업들이 승리를 거머쥘 것이다. 미국은 자유세계의 리더 자리를 지키려면, 향후 30년에 걸쳐 연평균 최소 10퍼센트의 수출 성장을 이루어내야 한다.

현재 중국이 미국보다 크게 유리한 점은 중국은 고객을 저렴한 가격으로 손에 넣고 있다는 것이다. 이 전략이 실제로 효과가 있을 수 있다. 훌륭한 전략이라고 할 수는 없지만, 한 동안은 이 전략이 먹힐 것이다. 미국이 신상품들을 개발하고 혁신을 이루어내는 한, 처음에는 미국이 그 신상품을 제조하고 수백만 개의 양질의 일자리들을 창출할 수 있을 것이다. 그러나 중국이 진화하여 미국 기업들보다 고객들과 그들의 욕구를 보다 정확히 이해할 수 있게 된다면, 미국은 우위를 잃게 될 것이다.

만약 미국이 중국이나 인도, 혹은 다른 누군가가 행동 경제학과 고객학을 더 깊이 파고들도록 내버려둔다면, 미국은 일자리 전쟁에서 패배할 것이다. 그것이 바로 도요타와 폭스바겐 그리고 다른 자동차업체들로 인해 미국 자동차 회사들이 겪었던 일이기도 하다. 그저 고객들에게 보다 귀를 기울이고, 고객이 원하는 것을 적정 가격에 공급했을 뿐인데, 그들이 미국 기업들을 이긴 것이다. 미국은 중국이나 다른 외국 경쟁사에 고객에 대한 통찰력 혹은 고객 중심 혁신을 내주어서는 안 된다. 그렇지 않으면 미국은 그들에게 패할 위험에 처하게 될 것이다. 고객에 대한 통찰력 혹은 고객 중심 혁신을 내어주는 순간이 미국에게는 "경기 종료game over"의 순간이 될 것이다.

그 이유는 다른 국가들이 보다 우수한 서비스를 공급하고 고객의 욕구를 보다 효과적으로 충족시킬 방법을 배운다면, 고객들은 제품 배달을 위한 미국 소매상들과 공급사슬(supply chains: 원재료로부터 재화 및 서비스를 만들어 최종소비자에게 공급하기 위해 원재료 공급업체, 생산업체, 도매상/유통업체, 소매상, 고객을 연결하는 공급망－옮긴이)이 필요하지 않을 것이다. 중국이 자체적인 소매업체들과 공급사슬을 구축할 것이고, 만약 그런 일이 발생한다면 아무도 미국을 돕지 않을 것이다. 최고의 소매업체들과 상점들, 은행들, 자동차 판매상들, 레스토랑들, 식료품점들, 쇼핑몰들, 그리고 심지어는 영화관들도 중국이 소유하고 통제하게 될 것이다. 이것은 최고의 이문과 현금흐름 그리고 주가 그 모든 것이 외국 소유가 될 것임을 의미한다.

요즘 외국 기업의 미국 기업 인수는 이미 트렌드가 되었다. 그것은 경제적으로 그리고 심리적으로 인수당한 미국 기업의 본부가 위치해 있는 도시들에 파괴적인 영향을 미치고 있다. 벨기에 대기업인 인베브(InBev)가 미국의 아이콘인 앤하이저부시(Anheuser-Busch: 미국을 대표하는 맥주인 버드와이저를 제조하는 맥주업체로 세인트루이스에 본사를 두고 있다－옮긴이)를 사들였다. 그 일이 있은 뒤, 세인트루이스의 일부가 죽었다. 브라질의 3G캐피털은 버거킹(Burger King: 미국의 대표적인 패스트푸드업체로 마이애미에 본사를 두고 있다－옮긴이)을 인수했고, 그로인해 마이애미의 일부가 죽었다. 베네수엘라의 국영석유업체가 시트고CITGO를 사들이

자, 휴스턴의 일부가 죽었다. 과거 한 때 퍼스트이슬라믹인베스트먼트뱅크First Islamic Investment Bank였던 알캐피타은행Arcapita Bank이 카리부커피Caribou Coffee의 상당부분을 사들이자, 마이애미의 일부가 죽었다. 외국 기업들이 미국 기업들을 인수하고 나서 무엇인가가 달라지는 것은 당연한 일이다. 미국인들은 어딘가 자신이 과거와 다르다고 느낀다.

일부 미국인들에게 이것은 논란의 소지가 있을 수 있지만, 그들이 월마트에서 쇠고기의 어떤 부위를 사먹든 그들은 모두 월마트를 사랑해야 한다. 월마트가 작은 식료품점들과 철물점들을 장악하지 않았다면, 독일인들, 일본인들, 프랑스인들, 그리고 분명 중국인들이 잡아먹었을 것이다. 누군가는 그렇게 했을 것이다. 월마트, 타깃Target, 그리고 코스트코Costco는 미국의 소매업 개혁을 선도하고 있으므로 박수갈채를 받아야 한다. 만약 그들이 그렇게 하지 않았다면, 외국 기업들이 그렇게 했을 것이다. 현재 대형 창고형 매장(big-box store: 본래 매장이 넓은 부지에 단층으로 상자 같은 모습으로 지어져서 붙은 이름으로, 단순한 박스형 인테리어로 물건을 진열해 놓은 대형 상점 – 옮긴이)들은 미국 상점들을 걱정하고 있다. 그것은 좋은 현상이다. 미국인들은 미국인들끼리 경쟁하길 원하고 있는 것이다.

월마트, 타깃, 그리고 코스트코 같은 우수한 실적을 올리고 있는 기업들 이면에는 부실기업들이 자리하고 있다. 그 기업들은 일자리 킬러들이다. 특히 그런 기업들의 본사가 있는 도시에서는 일자리가 크게 줄어들 수밖에 없다. 크든 작든, 고객과 관계가 좋지 못한 현지 기업들은 외부 기업들에 의해 시장을 잠식당할 것이다. 당신의 도시 입장에서 가장 위험한 외부 기업은 외국 기업이다. 일자리는 고객 및 GDP 증가에 수반되는 것이고, 그리고는 다시 미국의 소유권 및 통제력에 수반되는 것이기 때문이다.

당신은 내가 국수주의를 옹호하고 있다고 생각할 수도 있다. 나는 국수주의자가 아니다. 오히려 정반대로 나는 교역과 경쟁, 정글의 법칙을 100퍼센트 지지한다. 나는 결코 미국이 외국인 소유 기업들을 대상으로 높은 장벽을 쌓아야 한다고 생각하지 않는다.

해결책은 경쟁을 피하는 것이 아니라, 정면 승부를 하는 것이다. 미국인들은 미국 고객들, 그리고 세계의 모든 고객들에 대해 유럽인들보다, 그리고 특히 중국인들과 브라질인들, 그리고 인도인들보다 많이 알고 있어야 한다. 70억 고객들의 욕구와 선호를 가상 잘 아는 나라가 세계 최고의 일자리를 획득함에 있어, 절대적인 우위를 점하게 될 것이다.

물론 기업들은 식스시그마, 린 경영, 리엔지니어링(reengineering: 비용, 품질, 서비스, 속도 같은 핵심적인 경영 성과 지표들을 비약적으로 향상시키기 위해 기업의 업무방식과 조직구조를 근본적으로 재설계하는 경영 기법 - 옮긴이), 전사적품질경영(TQM: Total Quality Management, 제품이나 서비스의 품질 뿐만 아니라 경영과 업무, 직장환경, 조직 구성원의 자질까지도 품질개념에 넣어 관리해야 한다고 보는 경영 방식 - 옮긴이) 등을 훌륭히 실행에 옮겨야 한다. 이러한 기법들이 모두 효과가 있고 승리를 거두는 데 매우 중요한 것은 사실이지만 그것들만으로는 더 이상 충분하지 않은 것도 사실이다. 나는 당신의 회사에 대해 알지 못하지만, 갤럽은 이러한 탁월한 기법들에서 이용할 수 있는 것은 마지막 한 방울까지 짜내어 모두 사용했다. 그러나 프로세스와 효율성을 향상시킬 방법들 가운데 손쉽게 동원할 수 있는 방법들은 이미 모두 동원되었다. 아직 사람들의 손길이 닿지 않은 곳은 고객의 감성 경제 속에 자리하고 있는, 셀 수 없을 정도로 많은 기회들이다.

사실 대부분의 미국 기업들에 있어, 가장 커다란 맹점 가운데 하나는 그들의 세계적인 고객 데이터베이스 속에서 감성 경제가 얼마나 큰지 깨닫지 못하고 있는 것이다. 미국 최고의 기업 리더들도 근로자와 고객 간의 유대 강화에 크게 실패함으로써 돈을 벌 수 있는 많은 기회를 놓치고 있다는 것을 여전히 모르고 있다. 그것은 그들이 "실질적인 수치"에 너무 주목하고 있기 때문이다. 그로부터 그들은 수확 체감 시점에 이를 때까지 짜낼 수 있는 모든 이익을 짜냈다.

당신이 현재 확보하고 있는 고객들 가운데 파트너십 항목에 (1점에서 5점까지의 평가 점수 중에) 5점을 줄 고객의 인원수를 늘림으로써 당신과 당신의 팀은 수출과 해외 매출을 두 배, 그리고 네 배 증가시킬 수 있다. 당신의 고객들 가운데 20퍼센트가 최고 점수를 준다고 해보자. 이것이 세계 평균이다. 그 수치를 40퍼센트로 끌어올린다면, 당신은 마케팅과 광고에 단 한 푼도 더 들이지 않고 기록적인 매출 증가를 경험하게 될 것이다. 그 결과 당신도 성장하고, 미국도 성장하고, 일자리도 증가할 것이다.

고객 충성도를 알아보는
'11가지 고객 몰입도 평가'

나의 40년간의 고객 연구에 따르면, 이것이 모든 조직의 리더들이 놓치고 있는 가장 큰 기회이다. 그것은 아마도 리더들이 입으로는 그럴듯한 이야기를 해놓고는 마지막에 가서는 그저 가격 인하 결정을 내리기 더 쉽기 때문이다. 그리고는 그들은 모든 결정이 이성적이라는 고전 경제학의 원칙 뒤에 숨는다. 사실은 그렇지 않음에노 물구하고 말이다. 어떤 등급에 속해 있는 고객이든, 고객이 진정으로 원하는 것은 자신의 욕구를 깊이 이해해주는, 신뢰할 수 있는 파트너 혹은 조언자이다. 비즈니스 세계는 행동 경제학의 이 가장 중요한 변수를 다른 것들보다 관심 있게 관리하지 못하고 있다. 그것이 여전히 사실상 모든 기업들이 점

진적인 성장을 위해 가장 손쉽게 할 수 있는 일인데도 말이다.

　헤어숍에서 첨단컨설팅에 이르는 거의 모든 비즈니스 환경에서, 리더들은 인간관계가 가격보다 중요하다는 것을 깨달아야 한다. 고객의 욕구를 가장 깊이 이해하는 사람이 승리할 것이고, 항상 가장 많은 이문을 남길 것이다. 그것이 재능과 인간관계가 저렴한 가격을 이길 수 있는 이유이다. 재능과 인간관계는 고객의 몰입도를 강화시킨다. 고객 몰입도를 측정하기 위해, 갤럽의 연구원들은 세계 모든 곳의 고객들에게 물어보기 위해 다음의 11개의 최적의 질문들을 찾아냈다.

질문1. 당신이 제공받은 모든 재화와 서비스를 고려했을 때, 당신은 전체적으로 ○○사社에 어느 정도 만족하고 있습니까?

질문2. 당신이 ○○사社와 거래를 계속할 가능성은 어느 정도입니까?

질문3. 당신이 친구나 동료에게 ○○사社를 추천할 가능성은 어느 정도입니까?

질문4. ○○사社는 내가 항상 믿을 수 있는 이름이다.

질문5. ○○사社는 항상 약속한 바를 이행한다.

질문6. ○○사社는 항상 내게 합당한 대우를 한다.

질문7. 문제가 발생하면, 나는 적절하고 만족스런 해결을 위해 ○○사社에 항상 기댈 수 있다.

질문8. ○○사社의 고객인 것을 나는 자랑스럽게 생각한다.

질문9. ○○사社는 나를 항상 존중한다.

질문10. ○○사社는 나 같은 사람들에게 완벽한 회사/제품이다.

질문11. 나는 ○○사社 없는 세상을 상상할 수 없다.

미국이 세계적으로 몰입형 고객 – 다시 말해 상기 문항들에 5점을 준 사람들 – 의 수를 두 배로 증가시키려면, 국내 경제를 안정시키고 수출을 세 배 이상 늘려야 한다.

B2B 기업들을 위한
'4가지 기업고객 몰입도 평가'

갤럽 경제학은 또한 B2B 기업들(business–to–business companies: 기업과 기업 사이의 거래를 비즈니스 모델로 하는 기업들 – 옮긴이)에 적용할, 고객 몰입도의 기준을 정했다. 다음 항목들은 세계 고객 매출 증가를 가장 정확히 예측할 수 있는 훌륭한 가늠자이다.

- ○○사社는 우리의 비즈니스 현안을 명확히 이해하고 있다.

- ○○사社는 우리의 비즈니스 성과에 중대한 영향을 미쳐 왔다.

- ○○사社는 함께 일하기 쉬운 회사이다.

- 나는 ○○사社의 직원들을 신뢰할 수 있는 조언자들이라 생각한다.

돈보다 소중한 유대관계

고객이 원하는 것과 필요로 하는 것을 이해하는 것이 갖고 있는 힘을 보여주는, 두 가지 실제 사례가 있다. 첫 번째 사례에서는 기업이 고객을 이해하고, 가격 이상의 가치를 팔기 위한 뚜렷한 전략을 갖고 있었다. 두 번째 사례에서는 매우 중요한 의미를 갖는 감정 교류가 우연히 일어났다. 두 가지 사례 모두 수천 억 달러의 실질 수입 증가 및 일자리 창출 효과를 보여주었다.

몇 년 전, 대형 전화회사의 사업부 책임자가 내게 전화를 걸었다. 그녀는 비용을 즉시 10퍼센트 절감할 수 있으니, 당시 갤럽의 장거리 전화를 교체할 것을 권했다. 그것은 우리에게 커다란 금액이었다. 그리고 우리가 미국과 세계에서 필요로 하는 전화 선들은 하나의 상품이었다. 우리가 (전화선을 빌려 사용하는) 장거리 통신 사업자로 누굴 택하든 상관없이, 모든 전화선이 연결도 잘되고 음질도 괜찮은 듯했다. 우리 회사는 주주이자 직원인 사람들이 많은, 종업원 소유 기업이기 때문에, 오랫동안 서비스를 제공해온 기존 거래처를 버리고 훨씬 저렴하게 서비스를 제공하는 새로운 거래처로 갈아타는 것이 어려운 결정이 아닌 것처럼 보였다.

나는 IT부서의 최고관리자들인 필앤필Phil and Phil에게 전화를 걸었고, 그들은 조사해보겠다고 했다. 얼마 안 있어 그들은 현재 기술 서비스 공급처인 파트너 APartner A와 계속 거래할 것을 권했다. 필앤필은 우리 회사에서 매우 유능한 기술 리더들이었고, 나는 그들이 거래처를 바꾸지 말아야 할 합당한 이유를 제시하리라 확신했다.

필앤필은 파트너 A가 지난 몇 년에 걸쳐 제시한 혁신들에 대해 상세히 설명했다. 그중에는 (우리 회사의 최고의 거래처 가운데 하나인) 요구하는 것이 많은 대규모 소매업체를 우리가 구원할 수 있도록 도와준, 획기적인 계약 성사 기술도 있었다. 그들은 파트너 A가 글로벌 전화 서비스 그 이상의 것을 우리에게 제공하리라 생각했다. 파트너 A는 우리가 고객들을 유치하고, 구하고, 늘려나갈 수 있도록 도와주었다.

필앤필의 보고에 의하면, 파드니 A가 우리 회사 사람들만큼 혹은 그 이상으로 우리 산업에 대해 잘 알고 있었다. 또한 파트너 A는 세계적인 원격화상회의 시스템을 리엔지니어링하고 있었고, EU 전역에서 새로운 최첨단 인터뷰 시스템을 구축하고 있었다. 이 시스템이 구축되면, EU 시장에서 우리는 여론조사 분야의 기술 리더로 급부상하게 될 터였다. 그리고 브뤼셀의 복합 프로젝트 입찰에서 우리가 이길 수 있도록 그들이 지원하고 있었다.

파트너 A는 유기적 성장 전략을 완벽히 구사했다. 기업들이 현재 고객들과 유대관계를 극대화할 때, 그런 전략은 성공을 거둔다. 그러므로 전체적으로 10퍼센트가 커다란 금액이었지만, 훌륭한 조언자 역할을 하는 파트너 A와의 유대관계는 그 보다 더 값진 것이었다.

고객 중심으로 생각한다는 것

다음은 처음에는 일이 잘 풀릴 것 같지 않았지만, 우연히 좋은 결과를 얻은 사례이다.

나는 아들아이가 법대에 가겠다고 해서, 〈U.S.뉴스앤월드리포트: 미국 최고의 대학들(the U.S. News & World Report: America's Best Colleges: 정치, 경제 기사를 중심으로 발행되는 미국 시사주간지로 매년 미국 대학 평가 순위를 발표하고 있다-옮긴이〉〉을 사기 위해 조지타운의 현지 서점을 찾았다. 그곳은 대형서점으로, 엘리베이터가 설치되어 있는 3층짜리 건물이었고, 도서를 판매할 뿐 아니라, 대형 음반 판매점과 스타벅스 커피숍도 위치해 있었다. 나는 서점 전체를 돌아보았지만 그 리포트를 찾을 수 없었다. 나는 한 서점 직원에게 그 리포트에 대해 문의했다. 친구와 통화를 하고 있던 그 직원은 귀찮은 듯 아주 잠시 통화를 멈추고 "손님이 찾아본 곳에 없으면, 이 서점에 없는 거예요."라고 말하더니 다시 통화를 계속했다. 갑자기 그 서점에 있는 모든 이가 도움이 되지 않을 것처럼 느껴졌다.

당연히 나는 서점에서 나가려 했고, 다시는 그곳을 찾지 않을 생각이었다. 정말이지 나는 그 서점 앞에서 피켓을 들고 항의 시위라도 하고 싶은 심정이었다. 그 서점의 직원 명찰을 달고 있는, 15살 정도 되어 보이는 비쩍 마른 젊은이가 서점 출입문을 향해 걸어가고 있던 나를 붙잡았다. 그는 이렇게 물었다. "찾는 책이 있으시면, 도와드릴까요?"

그는 노련한 판매 사원처럼 보이지 않았고, 그런 척하지도 않았다. 그는 "여기 오신 것은 정말 탁월한 선택이세요."라는 식으로 말하지 않았다. 그저 "찾는 것 도와드릴까요?"라고 말했을 뿐이다. 그는 내가 찾고자 했던 책을 찾아주었을 뿐 아니라, 내가 원하는 정보를 얻을 수 있는 더 좋은 책-법대에 대해 구체적으로 다루고 있는 책-도 알려주었다. 그는 만족스런 미소를 지어 보였다. 내가 찾고 있던 것을 찾아주었을 뿐 아니라, 나의 욕구를 보다 정확히 충족시킬 수 있는 또 다른 책을 내게 소개시켜주었기 때문이다.

그리고는 이렇게 물었다. "찾으시는 것 더 있으세요?" 나는 〈유럽합중국The United States of Europe〉이라는 책을 아는지 그에게 물었다. 그는 알고 있으며, 그 책이 훌륭한 책이라고 말했다. 나는 딱딱한 학문서라면 읽고 싶지 않다고 말했다. 그는 그 책은 절대 그런 책이 아니라고 했다. 최종적으로 나는 원래는 살 생각이 없었던 책 두 권을 더 샀고, (나중에 사러 오게 된) 몇 권의 책을 더 살펴보았다.

서점에 갔던 일은 비록 시작은 좋지 못했지만, 결과적으로는 가장 훌륭한 유기적 성장의 사례로 꼽을 만큼 잊지 못할 추억을 남겼다. 물론 이 경우에는 그것이 우연히 일어난 일이긴 했지만 말이다. 내가 그 서점을 찾았을 때, 세 가지 경우가 가능했다. 첫 번째는 서점 직원이 형편없어서 내게 아무것도 팔지 못할 수 있었다. 그리고 실제로 그 날 그런 일이 일어날 뻔 했다. 두 번째는 그들이 맡은 바 임무를 다해서, 내가 사고자 했던 바로 그 책을 내게 팔 수도 있었다. 세 번째는 내가 정말 원하는 것이 무엇인지 법대에 관한 정보 를 알아냄으로써, 내가 원하는 정보가 담겨 있지만, 내가 모르고 있었던 책을 내게 추천해줌으로써, 그리고는 필요한 것이 더 있는지 묻고 또 다른 좋은 아이디어를 제공해

줌으로써 그들은 자신의 역할을 훌륭히 해낼 수도 있었다. 순전히 우연히, 내게 도움을 준, 비쩍 마른 젊은이 덕에 세 번째 시나리오가 현실이 되었다.

나는 벅찬 가슴을 안고 서점을 나섰다. 새로 구입한 책들로 인해 나는 왠지 모를 승리감을 느꼈다. 내가 그의 조언에 귀를 기울였기 때문에 그 직원은 내게 진심으로 열의를 다했고, 우리는 서로 가까워졌다. 그 서점에 가면 나는 항상 그를 찾는다. 나는 피켓을 들고 서점 앞에서 항의해야겠다는 생각을 그 이후로는 한 번도 한 적이 없다.

직원이 무능한지, 유능한지, 매우 유능한지에 따라, 수익에서 차이가 난다. 그것도 아주 커다란 차이 말이다.

이 대형 서점은 매장이 1000개 정도 된다. 나 같은 사람 1000명이 매일 각 매장을 찾는다고 해보자. 그럼 행동 경제학적으로 계산했을 때, 매일 100만 번의 고객 몰입의 순간이 발생할 것이고 365일을 곱하면 연간 3억 6500만 번의 고객 몰입의 순간이 발생하는 것이다.

각 순간에 50달러가 달렸다고 할 경우, 이 서점은 사업 목표 – 본질적으로 주문 받기 – 이외에 감성 경제 규모가 약 180억 달러에 이른다는 의미이다. 이 서점은 약 100억 달러의 매출을 올리고 있다. 이 서점이 놓치고 있는 감성 경제의 규모가 실질 총수입보다 더 크다. 문제는 서점이 재정적으로 힘든 처지에 있고, 시대에 뒤처지고 있으며, 궁극적으로 외국 경쟁사에 의해 쓰러질 위험에 처해 있다는 것이다. 이런 심각한 위험이 발생한 이유는 내가 비쩍 마른 젊은이를 만나기 전, 그 서점에서 겪었던 일로 미루어 짐작하건대, 그 서점이 고객 중심으로 생각하고 고객의 마음을 이해하는 데 미숙하기 때문인 것 같다. 도움을 주는 직원과 고객의 우연한 만남으로는, 그 서점은 번영하거나 성공할 수 없다.

식스시그마 같은 경영 기법들은 그저 대학 평가 보고서 주문을 받아 10달러의 책값을 부과하라고 말했을 것이다. 그리고 10달러의 매출 기회를 놓친다면 그것은 "결함"이라 부를 것이다. 그것은 사실이다. 그러나 잃어버린 더 중요한 기회는 개별 고객이 서점을 찾은, 진짜 이유를 이해하고, 그에 맞는 무엇인가를 찾아주지 못한 것이다. 그 기회가 무한한 가능성을 지니고 있음에도 불구하고 말이다.

고객 통찰력을 키워라

사실은 모든 기업들이 부 $_富$ 를 활용하지 않고 있다. 여기서 부는 고객이 원했던 것, 구입했던 것 혹은 원하지 않았던 것, 구입하지 않았던 것(즉 고객의 행동 혹은 심리)을 상징한다. 미국이 기업들의 행동 경제학을 잘못 관리한다면, 외국 기업들이 그들을 무너뜨리거나 인수할 것이다. 앤호이저부시가 인베브 손에, 쿠어스Coors가 몰손Molson 손에, 크라이슬러Chrysler가 피아트Fiat 손에 넘어간 것처럼 미국 기업이 외국 기업의 손에 넘어갈 경우, 미국은 조기弔旗를 게양하게 될 것이다.

다시 말하지만 나는 보호무역주의를 주장하고 있는 것이 아니다. 오히려 그 반대이다. 내가 주장하는 것은 미국이 소유권을 지키고, 세계 최고의 기업들을 통제하고, 지방에 자리한 본사들을 지켜나가는 것이 중요하다는 것을 미국인들이 깨달아야 한다는 것이다. 최고의 일자리를 놓고 벌이는 글로벌 경쟁에서 모든 조직과 기업의 소유권과 통제권을 유지하고, 미국 곳곳에 본사를 두고 있는 기업들을 지키는 것이 그 어느 때보다 중요하다.

양질의 일자리를 창출하는 것은 글로벌 경쟁과 파트너십의 무한한 이익을 수확하는 문제이다. 극단적인 자본주의가 극단적인 사회주의를 앞지른 이유는 실력주의와 경쟁이 인간의 발전과 진보를 가속화시키기 때문이다. 극단적인 경쟁과 극단적인 실력주의는 미국의 친구들이다. 그리고 중소기업이든, 대기업이든 궁극적으로 고객 중심적인 행동이 수출을 증대시키고 있다. 세계 고객을 찾아내고 그 고객에게 수출할 방법을 마련하는 기업의 지도부는 미국의 영웅들이다.

현 상황을 극복하기 위해 수출이 어느 정도 필요한지 계산해보면, 미국의 중소기업들과 대기업들은 현재 약 1조 5000억 달러인 수출을 향후 30년에 걸쳐 20배 증가시켜야 한다. 나도 그것이 불가능한 소리라는 것을 알고 있다. 그러나 인간이 달나라를 간다는 것도 불가능한 소리였다. 세계의 고객들 대부분을 손에 넣는 것을 할 수 있는 일이라고 생각한다면, 미국은 그것을 해낼 수 있을 것이다. 그것은 그저 모든 장 · 단기적 전략을 세울 때 고객을 보다 깊이 통찰하고, 보다 고객 중심적으로 생각하면 되는 문제이다.

하지만 미국의 다음 세대는 모든 것을 위한 향후 30년 전쟁에 출전할까? 그것은 심각한 질문이다. 그 답은 미국 공립학교 제도에서 찾을 수 있다. 공립학교의 학생들이 향후 경기에 출전할 새로운 선수들이다. 그리고 그 사실만으로도 마음이 불안해진다. 약 8000만 명에 이르는, 미국의 차세대 혁신가들과 기업가들─즉 미국의 미래의 인력 자원들─이 현재 초 · 중 · 고등학교 교실에 앉아 있는 것이다.

P

PORT

10장

갤럽의
교육 로드맵

- 초 · 중 · 고등학교는 기업가들이 잉태되는 곳
- 학생들에게는 '희망'이 필요하다
  【학생들의 희망 정도를 평가하는 '20가지 학생 심리 평가'】수록
- 미래의 기업 에너지를 예측하는 '갤럽 희망 지수'

G . a . l . l . u . p . R . e . p . o . r . t

〉〉〉

초 · 중 · 고등학교는 기업가들이 잉태되는 곳

미국 초 · 중 · 고등학교에 재학 중인 학생들이 7500만 명이 넘는다. 그중 초등학교 5학년에서 고등학교 3학년 사이인 학생들이 거의 5000만 명이다. 그들은 오늘날의 비즈니스 리더들의 계승자들이다. 문제는 이들 학생들 가운데 30퍼센트 가량이 중퇴하거나 제때 졸업하지 못한다는 것이다. 소수민족 출신의 학생들의 경우에는 약 50퍼센트가 중퇴를 한다. 다가오는 경제 전쟁에서 이것은 다른 선진국들에게 미국을 넘어설, 커다란 이점으로 작용할 것이다.

이 문제를 조속히 바로잡지 않는다면, 미국은 향후 일자리에 기초한 세계 경제 전쟁에서 패배할 것이다. 단순히 그들의 영원한 경쟁자들 때문이 아니라, 미국의 선수들이 읽거나 쓰거나 생각할 수 없기 때문에, 그들의 재능이 극대화될 수 없기 때문에 그들은 패배할 것이다. 훨씬 더 걱정스러운 것은 그러한 학생들의 정신과 희망이 회복 불가능할 정도로 망가지고 있다는 갤럽의 추측이다.

미국의 교육 연구가들은 최고의 학문과 노력으로도 이 문제를 해결할 방법을 찾을 길은 요원하기만 하다고 서슴지 않고 말한다. 빌앤멜린다게이츠재단the Bill & Melinda Gates Foundation은 최고의 교육학자들을 모으고 20억 달러를 투자하여, 중퇴율을 낮추기 위해 몇몇 전문가들을 동원해 수천 개의 초·중·고등학교를 대상으로 실험을 했다. 그들은 성공하지 못했다. 정부는 43억 5000달러를 '최고를 향한 경주' 기금(Race to the Top fund: 미국 주별 교육 개혁 지원 정책 – 옮긴이)에 쏟아 부었다. 하지만 학습능력에 있어 아직 아무런 진전도 보지 못했다. 차터스쿨의 17퍼센트만이 일반 공립학교보다 우수한 성과를 거두고 있다. 우수한 미국 기관들이 이 문제를 바로잡기 위해, 조금이나마 진전을 보기 위해 매일 같이 노력하고 있다. 지금까지는 모든 노력이 실패했다. 물론 여기 저기 학교에서 마법 같은 성과를 거두고 있는 일부 유능한 개인들이 있기는 하다. 하지만 그들의 해결책은 확대 적용할 수 있는 것인지 아직 입증된 바 없다.

미국에는 낙오학생방지No Child Left Behind 같은 성적 향상에 초점을 맞춘, 보다 적극적인 국가 정책이 필요한 것일까? 아니면 교사들에게 더 많은 보수를 지급하거나 전적으로 새로운 성과급

제도를 마련해야 하는 것일까? 지방에서 '최고를 향한 경주'를 받아들이지 않고 있기 때문에, 그 정책이 또 하나의 실패한 국가 정책이 될까? 미국인들은 그 문제를, 무능한 교사들을 보호하고 있는 교원노조 탓으로 돌려야 할까? 아니면 결손 가정들과 잘못된 양육방식을 탓해야 하는 것일까? 미국은 보다 우수한 차터스쿨을 설립시킬, 전적으로 새로운 제도가 필요한 것일까? 미국은 이 모든 해결책들 사이에서 이 궁리 저 궁리를 하고 있다. 어떤 방법도 효과가 없는 것 같다.

　일부 미국인들은 정부가 교육에 더 많은 돈을 써야 한다고 생각할 수도 있다. 많은 리더들이 이것이 묘책이라는 데 동의한다. 그러나 75여 년 동안 찾아낸 사실처럼, 갤럽은 지금도 많은 돈이 커다란 문제를 해결할 해결책이 되지 못한다는 사실을 발견하고 있다. 사실 문제가 클수록 해결책은 더 저렴한 경우도 가끔 있다. 특정 행동과 원인을 바탕으로 사전 전략을 세우는 것보다 '사후' 결과를 바로잡고자 할 때 더 많은 비용이 소요된다.
　이것이 리더십 문제인 경우에는 더욱 그러하다.

학생들에게는 '희망'이 필요하다

　현재 추세를 보면, 흑인 남학생의 43퍼센트가 고등학교를 중퇴하고, 중퇴생의 절반 이상이 결국 교도소에 간다. 이러한 통계자료와 그 자료를 이용해 작성한 공시으로 지역사회 리더들은 얼마나 많은 교도소를 지어야 하는지를 추정할 수는 있지만, 어떻게 하면 학생들을 경제 엔진으로 변화시킬 수 있는지를 알 수는 없다.

어떻게 하면 이러한 탈바꿈이 가능해질까? 그것은 학생들이 중퇴하기 전에 중퇴를 유발시키는 원인을 찾아내어 그것을 막을 전략을 세우는 것이다. 이것은 사실 그렇게 어렵지 않다. 갤럽은 학생들이 **졸업에 대한 희망을 잃는 순간** 학교를 그만두게 된다는 것을 발견했다. 바로 그것이다. 그들이 범죄조직의 유혹에 넘어가서, 혹은 가족을 부양하기 위해 햄버거가게에서 일하려고 학교를 그만두고 있는 것이 아니다.

그들이 졸업에 대한 희망을 잃는 이유는 자신의 미래의 삶에서 기대할 것이 없기 때문이다. 어떤 미래가 펼쳐질지 절망하는 순간, 그들은 심적으로 학교를 그만두고 싶어지는 것이다. 미래에 대한 비전이나 열망이 없다는 것이 학교를 그만두는 이유인 것이다. 학생들이 미래에 대한 희망을 버리기 전에, 혹은 버리려고 하는 순간에 그들을 구해내야 한다. 그리고 제때 그들을 구해내지 않으면, 그들은 그저 학교만 그만두는 것이 아니라, 아예 인생에서 낙오하게 될 것이다.

미국이 전략을 세울 때 절망의 결과보다 '원인'에 주목한다면,

이 문제는 해결될 수 있다. 그러므로 무엇보다도, 학점과 출석이 아니라 '희망'이라는 토대 위에서 리더십 전략을 수립해야 한다. 학점이 나빠지고 무단결석을 하는 것은 그들이 희망을 잃었기 때문이다. 갤럽 연구원들은 학업을 무사히 마치고 졸업을 할 수 있을지 예측할 때 학점이나 시험 점수가 아니라, '희망'을 가늠자로 삼아야 한다는 것을 발견했다.

희망을 불어넣는 것이 쉬운 일은 아니지만, 불가능한 일도 아니다. 그리고 그것은 국가보다 도시를 기반으로 '지역 차원'에서 이루어내야 할 일이다. 지역 차원에서 이 문제에 주의를 기울일 때 성공할 수 있다.

그를 위해 리더들이 해야 하는 일들은 다음과 같은 것들이다.

1. **모든 현지 집단들이 학생 몰입도 혹은 졸업에 대한 자신감에 주목하도록 만든다**

   너무 단순한 이야기인 것은 나도 안다. 하지만 갤럽 연구원들이 찾아낸 결과에 의하면 이것이 바로 학생들의 희망의 핵심이다. 바로 학생의 몰입도, 졸업에 대한 자신감 같은 학생들의 심리가 바로 해결책이 자리한 곳이다. 대부분의 다른 유익한 데이터들과 갤럽의 교육 리서치에 따르면, 학생의 몰입도에 있어 가장 중요한 요인은 교사이다. 학생들은 가족과 공동체의 영향을 받지만, 자신감의 열쇠는 교사에게 있다.

부모들과 교사들 그리고 멘토들은 곱셈공식과 나눗셈 공식 못지않게, 혹은 그 이상으로 학생의 자신감과 희망을 다루는 방법을 고민하는 것이 현명할 것이다. 그리고 학생들이 진정 원하는 상은 졸업이 아니라, 일자리이다. 물론 흥미롭기까지한 일자리라면 더욱 좋을 것이다. 리더들은 현 교육제도가 모든 자원을 예방책이 아니라, 이미 실패한 결과들에 쏟아 붓고 있다는 것을 생각해볼 필요가 있다.

우리 아파트에 메리라는 가정주부가 살고 있다. 어느 날 아침, 나는 그녀의 아들, AJ를 만났다. 그는 나를 보더니 처음 건넨 말이 "어디서 일하세요?"였다. 나는 갤럽에서 일한다고 했다. 그는 갤럽에서 내가 무슨 일을 하는지 물었고, 사람들에게 질문을 하고 그에 대한 그들의 답변을 기록하고 그로부터 알아낸 사실을 보고하는 일을 한다고 말했다. 그는 그것이 재미있는 일처럼 보였는지 "저도 거기서 일할 수 있어요?"라고 물었다.

나는 우선 인터뷰를 통과해야 한다고 그에게 말했다. 그랬더니 그가 어느 날 우리 사무실을 찾아왔고, 그의 엄마가 아래층에서 기다리는 동안 나는 그를 인터뷰했다. AJ는 인터뷰 준비가 잘 되어 있었다. 인터뷰 전에 그는 인터넷 검

색을 통해 나에 대해, 그리고 창립자인 조지 갤럽 박사에 대해 사전 조사를 해왔다. 그것은 매우 인상적이었다.

그리고는 나와 함께 갤럽의 동료직원들의 사무실을 돌면서 그들이 무슨 일을 하는지, 그리고 어떤 식으로 수입을 올리는지 질문했다. 그는 수석 애널리스트가 된다는 생각에 몹시 흥분해 있었다. AJ가 제일 잘하는 과목은 수학이다.

AJ는 갤럽으로부터 깊은 인상을 받았고, 갤럽은 그로부터 감명을 받았다. 그러므로 나는 그에게 인터뷰를 통과했고 채용되었으며 졸업 후 출근할 수 있다고 말했다. 하지만 졸업 전이라도 여름 방학 때는 일할 수 있었다. 나는 그에게 갤럽의 티셔츠와 모자를 선물했다.

그는 준비를 더 잘하려면 어떻게 해야 하는지 물었다. 나는 항상 수학에서 최고의 점수를 받고, 그가 좋아하는 동아리에서 리더 역할을 해볼 것을 권했다. AJ는 수학에서 모두 A학점을 받고 있으며, 축구팀 주장으로 활동하고 있다. 그는 갤럽의 수석 애널리스트가 될, 거의 완벽에 가까운 준비를 하고 있는 것이다.

AJ는 자신의 학교생활이 얼마나 나아졌는지 내게 이메일을 보낸다. 그러나 자신이 흥미를 가져봄직한 많은 다른 직업들에 대해서도 물어본다. 그는 내 기분을 상하지 않게 하려고 조심하지만, 배우가 되면 수입이 얼마나 되는지 의사가 되면 얼마나 많이 벌 수 있는지 물었다. 그는 회사 설립에 대해서도 궁금해했다. 나는 그도 회사를 차릴 수 있으며, 때가 되면 도와주겠다고 말했다. 하지만 그러기 위해서는 먼저 갤럽에서 적어도 몇 년 간은 일해야 한다고 했다.

AJ와 나는 "학점"이 아니라, "일자리"를 통해 유대관계를 형성하고 있다. 만약 그가 지금처럼 나아간다면, AJ는 분명 미국 노동 인구에 중대한 공헌을 할 것이다. 어쩌면 모두가 알 정도로 완전히 유명한 기여를 하게 될 수도 있다.

2. 핵심 측정 기준으로서 갤럽의 학생 여론 조사(무료)를 이용한다

당신의 도시에서 모든 학생들을 대상으로 모든 학교에서 매년 봄과 가을에 갤럽의 무료 학생 여론 조사를 실시하도록 한다. 갤럽의 인터넷 기반 소프트웨어는 인구조사처럼 설치되므로, 초등학교 5학년에서 고등학교 3학년 사이의 학생이면 누구나 참여토록 유도한다. 그 소프트웨어는 학생들에게 설문조사를 하고 그들의 현재 심리 상태를 기록한다. 이를 통해 학교들과 도시 리더들은 지속적으로 업데이트되는 행동 경제학의 첫 번째 잣대를 얻게 될 것이다. 너무 늦기 전에 전략을 수립하기 위해 확보해야 하는 첫 번

째 데이터를 말이다. 학생의 희망의 촛불은 일단 한 번 꺼지면, 재점화하는 것이 거의 불가능하다.

학생들의 희망 정도를 평가하는 '20가지 학생 심리 평가'

1. 최하단에서 시작하여 최상단까지 1부터 10의 숫자가 매겨져 있는 사다리를 상상해보라. 사다리의 최상단은 당신이 영위할 수 있는 최상의 삶을 의미하고, 사다리의 최하단은 당신이 영위할 수 있는 최악의 삶을 상징한다. 개인적으로 당신은 현재 몇 번째 계단에 서 있는 것 같은가? 지금으로부터 약 5년 뒤에 당신은 몇 번째 계단에 서 있을 것 같은가?
2. 나는 고등학교를 졸업할 것이다.
3. 내 인생에는, 나의 미래를 걱정해주는 어른이 있다.
4. 나는 좋은 학점을 받을, 여러 가지 방법들을 생각할 수 있다.
5. 나는 나의 목표를 열정적으로 추구하고 있다.
6. 나는 어떤 문제든 여러 가지 해결책을 찾을 수 있다.
7. 나는 졸업 후 좋은 직장을 구하리라 생각한다.
8. 나는 학교에 절친한 친구가 있다.
9. 나는 이 학교에서 안전하다고 느낀다.
10. 선생님들 덕분에 나는 학업을 중요하게 여긴다.
11. 나는 학교에서 매일 가장 잘 하는 것을 할 수 있는 기회가 있다.

12. 지난 일주일 동안, 나는 학교 수업에 충실하여 칭찬이나 인정을 받은 적이 있다.

13. 우리 학교는 학생 각각의 강점을 강화시키기 위해 노력한다.

14. 지난달에 나는 자발적으로 시간을 쪼개어 다른 사람들을 도왔다.

15. 어제 하루 종일 당신은 존중을 받았는가?

16. 어제 당신은 많이 웃거나 미소를 지었는가?

17. 어제 당신은 흥미로운 일을 하거나 배웠는가?

18. 어제 당신은 무엇인가를 이루어낼 충분한 에너지를 갖고 있었는가?

19. 또래 아이들이 정상적으로 하는 것을 할 수 없을 만큼 당신은 건강상에 어떤 문제가 있는가?

20. 어려움에 처했을 때, 당신은 언제든 도움을 청할 수 있는 가족이나 친구가 있는가?

3. 졸업에 대한 희망을 잃은 학생 수를 절반으로 줄인다

지역사회 리더들과 당신이 이 수치를 절반으로 줄이면, 중퇴율 문제를 해결할 수 있는 궤도에 진입할 수 있기 때문에, 당신은 해당 도시나 지역사회의 중퇴율 문제를 바로잡을 수 있을 것이다.

4. 모든 사회적 기업들을 참여시킨다

대규모 프로젝트착수회의(kickoff meeting: 프로젝트 시작 전, 프로젝트 관련자들이 서로 인사를 나누기 위해 혹은 프로젝트 진행 방향을 논의하기 위해 처음 모이는 자리 – 옮긴이)를 열어라. 존 브라이언트John Bryant가 설립한 애틀랜타의 오퍼레이션호프Operation HOPE와 콜린 파월Colin Powell이 설립한 워싱턴의 미국약속재단America's Promise Alliance – 이 단체는 더와이(The Y: 미국 YMCA 공식 명칭 – 옮긴이), 미국4H본부National 4-H Council, 미국걸스카우트Girl Scouts of the USA, 주니어어치브먼트(Junior Achievement: 1919년 미국에 설립되어, 청소년들에게 무료로 경제교육을 제공하는 단체 – 옮긴이) 등 미국의 거의 모든 청소년 단체에 일종의 항공교통관제소 역할을 해주기 위해 설립된 곳이다 – 에 전화를 걸어라. 이 회의에서는 다음 두 가지 안건을 논의해야 한다. 각각의 기관들이 학생들의 자신감을 북돋울 방법과 자신감을 두 배로 끌어올리기 위해 이 모든 영향력 있는 기관들을 조율하는 방법 등 두 가지 안건 말이다.

5. 학생들의 희망을 배가시킨다

어떻게? 프로젝트착수회의에 참석한 단체들이 그 방법을 알 것이다. 그들은 항상 타오르는 사명감과 목적의식을 지닌 유능한 인재들을 보유하고 있다. 그들은 다른 어떤 이들보다 많은 대안들을 갖고 있을 것이다. 그들을 하나의 단체로 본다면, 결국 그들이 해당 도시에 살고 있는 모든 학생을 알고 있는 셈이다. 그들은 학생들에게 멘토가 되어줄 수 있을 뿐 아니라, 멘토 역할을 할 다른 이들도 찾아줄 수 있을 것이다. 청소년들은 모두 멘토가 필요하다.

이것은 효과가 있을 것이다.

본장에서 다른 내용들은 받아들이지 않더라도, 다음 조사 결과들은 기억하길 바란다.

1. 국가를 약화시키고 있는 중퇴 문제를 국가적 차원에서 해결할 방법은 없다. 미국은 그 문제에서 벗어날 출구를 확보할 수 없다. 모든 돌파구는 지역사회에 있다. 지역사회의 모든 리더들이 "(이 문제를 고치지 않는다면 일어날 수 있는 일인) 우리 도시의 미래를 잃어버릴 바에는 죽는 것이 낫다"를 외치며 그들 스스로 100퍼센트 책임지고 해결책을 찾기 전까지는, 이 문제는 미국의 아킬레스건으로 남아 있게 될 것이다. 결국 이것은 모든 학생을 위한 훌륭한 교사와 멘토를 확보하느냐 확보하지 못하느냐의 문제가 될 것이다.

2. 이것은 학교의 문제가 아니다. 이 문제는 당신의 머릿속에 깊이 각인되어야 한다. 이것은 도시 전체의 문제이다. 학교 문제를 해결하려면, 도시 전체가 중퇴 문제를 상대로 전면전을 벌여야 한다. 한 번에 한 학생씩, 한 학교씩, 그리고 한 도시씩 그 전쟁에 출전하도록 독려해야 한다.

3. 학생들의 졸업률은 지역사회의 미래의 혁신, 기업가정신, 그리고 그에 따른 일자리와 GDP 성장을 예측할 수 있는 가장 확실한 가늠자들 가운데 하나이다. 지금 지역사회에서 졸업률 문제를 해결하고 젊은이들의 경제 에너지를 강화시키지 않는다면, 그들을 위한 완벽한 일자리들이 상하이, 베이징, 산티아고, 뭄바이, 델리, 서울, 더블린, 상파울루, 그리고 싱가포르 손에 넘어갈 것이다.

4. 기업가정신에 대한 갤럽의 모든 데이터와 리서치를 취합했을 때, 당신의 도시가 승리할 것인지 아니면 패배할 것인지를 예측할 수 있는 최고의 가늠자가 무엇인지 묻는다면, 나는 초등학교 5학년에서 고등학교 3학년 사이의 학생들이 자유기업 및 기업가정신에 대해 갖고 있는 이미지 및 상호관계라고 답할 것이다. 그들이 보다 나은 이미지를 가질수록, 도시가 성공할 가능성은 높아질 것이다. 당신 도시의 초등학교 5학년부터 고등학교 3학년 사이의 학생들이 갖고 있는 경제 에너지가 성장하지 않는다면, 일자리 창출도 이루어지지 않을 것이고 따라서 도시의 GDP도 성장하지 않을 것이다.

미래의 기업 에너지를 예측하는
'갤럽 희망 지수'

특히 자유기업 및 기업가정신에 있어서의 초등학교 5학년에서 고등학교 3학년 사이의 학생들의 잠재력을 모니터하기 위해, 지역사회 리더들은 다음과 같은 주요 잣대들을 이용할 수 있다.

1. 나는 내 사업을 할 계획이다.
2. 나는 세계를 변화시킬 무엇인가를 발명할 것이다.
3. 내 마음은 결코 멈추지 않는다.
4. 나는 결코 포기하지 않는다.
5. 실패할지라도 나는 위험을 감수하는 것을 두려워하지 않는다.
6. 나는 사장이 되고 싶다.
7. 교육을 많이 받을수록, 나는 더 많은 돈을 벌 것이다.
8. 학교에서 돈과 금융에 대해 교육하고 있다.
9. 학교에서 창업 및 경영 수업을 하고 있다.
10. 당신은 돈이 들어 있는 은행계좌나 신용조합계좌가 있는가?
11. 당신은 현지 기업에서 현재 인턴으로 일하고 있는가?
12. 부모님이나 보호자가 창업에 대해 당신에게 말한 적이 있는가?

갤럽 희망 지수Gallup-HOPE Index에는 이러한 항목들이 있다. 이를 통해 학생들의 금융 지식과 기업가정신 및 혁신에 대한 태도를 측정할 수 있다. 그리고 그것으로 그 도시의 미래의 경제 에너지를 예측할 수 있다.

각 도시는 이러한 설문조사 결과가 필요하다. 하지만 주목할 가장 효과적인 행동 경제학의 잣대는 이러한 데이터들이 가리키는 방향, 속도, 그리고 트렌드이다. 다시 말해 자유기업과 기업가정신의 이미지가 학생들 사이에서 상승하는 추세라면, 일자리 창출이 증가할 것이다. 반대로 하락하는 추세라면, 그저 행운을 빌 뿐이다.

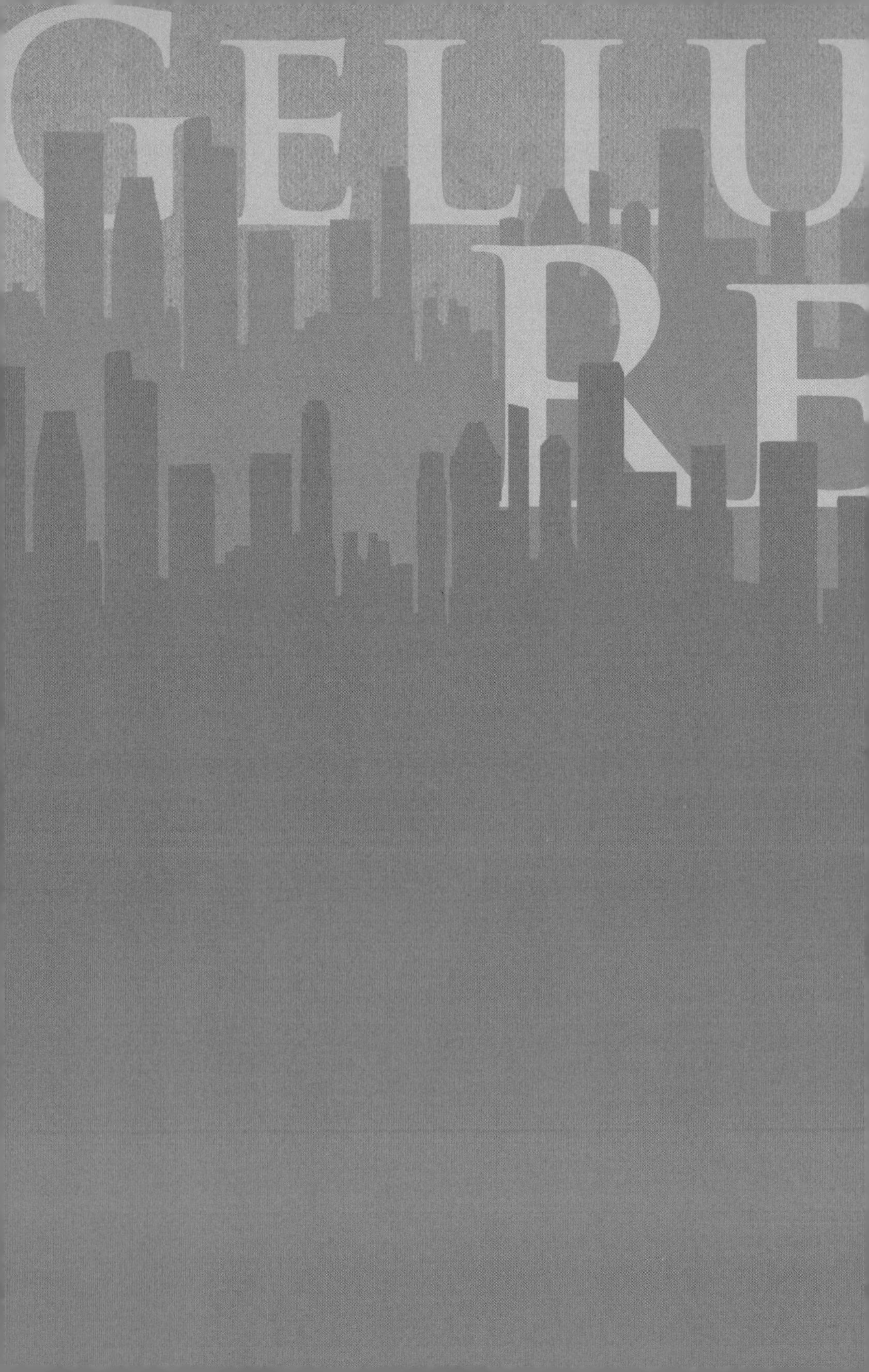
GELIU
R

11장

갤럽은 왜 의료비용을 염려하는가

- 용기가 필요할 때
- 전쟁비용의 10배가 넘는 의료비용
- 문제의 해결책은 있는가
- 비만비용이 의료비용의 70퍼센트
- 효과적인 처방은 무엇인가
- '갤럽의 5가지 행복 요소'

G . a . l . l . u . p .   R . e . p . o . r . t

》》》

용기가 필요할 때

　　미국의 중퇴율은 불명예이고, 현재 진행 중인 재앙이다. 그러나 문제 해결에 필요한 도구들과 굳은 의지를 지닌, 배려심 있는 리더들이 있으면 그것은 해결 가능한 문제이다.

　하지만 일자리 및 GDP 성장 위에 드리워져 있는 또 한 가지 위협적인 문제가 있다. 적절히 대처하지 않는다면 그 때문에 국가는 파산할 것이고, 중퇴율뿐 아니라, 내가 이 책에서 논의했던 다른 모든 것이 무의미해질 것이다.

　그것은 바로 의료비용 문제이다.

　미국이 실패한 의료 정책을 계속 끌고 가면서 새로운 양질의 일자리 경쟁에서 이기는 것은 불가능하다. 천문학적인 의료비용 때문에 미래를 되찾기 위한 미국의 경주는 끝날 것이다. 미국은 이 문제를 해결해야 한다. 그렇지 않으면 그것이 기업가정신과 혁신의 에너지 스위치를 꺼버릴 것이다. 이런 일이 일어난다면, 다른 모든 것이 무의미해질 것이다.

의료비용은 거의 모든 나라의 국가 재정에서 가장 큰 구멍이다. 좌파든 우파든, 이 점에 이의를 제기할 경제학자는 없을 것이다. 아픈 사람들이 더 아프지 않게 하는 데 너무 많은 돈이 들어가고 있어서, 사실 미국의 경우 그것 때문에 다른 모든 기관들이 약화되고 있다. 의료비가 한 때 막강했던 경제 엔진으로부터 (리더들이 분명히 밝혔던 것보다) 많은 돈을 집어삼키고 있다. 지금까지는 주로 의료비용을 실질적으로 낮출 방법이 아니라, "누가 받지 않을 것인지" 그리고 "누가 무엇을 부담할 것인가" 하는 문제에 초점이 맞춰졌다.

그리고 여기 한 가지 무서운 현실은 미국의 어떤 집단이나 기관도 이 문제 해결에 아무런 진전도 보지 못하고 있다는 것이다. 전혀 진전을 이루지 못하고 있는 것이다. 모두가 의료 정책 개혁을 시도했다가 실패했다. 국회는 의료비용을 줄이는 방법이 아니라, 의료비용을 감당할 방법에 관한 의료 법안을 통과시켰다. 그러므로 당신이 무엇을 읽든, 보든, 듣든, 총의료비는 계속 엄청난 속도로 늘어날 것이다.

현 행정부와 국회는 문제를 '해결할 방법'이 아니라, 문제를 '재정 지원할' 방법을 강구하고 있는 것이다. 그리고 미국의 리더들 가운데 이 문제를 해결할 용기를 가진 사람이 거의 없다. 유권자들의 의료비용을 대폭 삭감할 경우 그로인한 장·단기적 고통이 역사적인 규모가 될 것이기 때문이다. 양당의 리더들은 아마도 그 문제를 해결할 지적 능력을 갖고는 있지만, 그럴 '용기'가 없을 것이다.

그러나 미국의 의료보건비용이 상상할 수 있는 수준을 넘어섰기 때문에, 미국은 부자들뿐 아니라, (대기업과 중소기업을 가리지 않고) 모든 기업들과 국민들에 대한 세금도 늘려야 한다. 미국이 의료비를 감당할 수 없게 되는 순간, 그 의료비가 한 번에 모든 것을 질식시켜버릴 수도 있는 지점에 미국은 도달해 있다. 미국은 신규 고객 확보 대신에, 아픈 이들에게 너무 많은 재원을 쓰고 있다. 많은 재원이 잘못된 곳, 즉 지속가능한 일자리 창출보다 예방 가능한 질병에 쓰이고 있는 것이다.

게다가 의료비용과 그로인해 중소기업들에 부과되는 세금이, 투자와 성장에 대한 자신감을 약화시키고 있다. 막대한 의료비용이 무엇보다 중요한 중소기업들의 자신감을 갉아먹고, 궁극적으로 일자리를 희생시키고 있는 것이다.

냉소적인 사람들은 제너럴 모터스가 자동차를 만들어 팔아 그

돈으로 의료비를 대는 의료서비스 제공자라고 말한다. 그리고 그 말이 그렇게 틀린 말도 아니다. 제너럴모터스는 2004년에 의료비로 약 52억 달러를 썼다. 한 마디로 그들은 철강보다 의료에 훨씬 더 많은 돈을 쓰고 있는 것이다. 나라 전체가 단지 재화와 서비스를 생산하여 통제 불가능한 의료비를 대기 위해 살아가고 있다고 해도 과언이 아니다. 의료비가 지금 그 정도로 어마어마 해진 것이다.

명심하라, 미국 정부는 돈이 없다. 미국 정부는 그저 거둬들인 세금을 쪼개어 쓰고 있는 것뿐이다. (불행히도 미국은 중국 같은 경쟁국에 돈을 빌리고 있고, 달러를 찍어내고 있다. 그러나 그것은 또 다른 문제이다. 미국 정부가 세금으로 거둬들이는 것보다 더 많은 돈을 쓰고 있다는 사실이 또 다른 문제인 것처럼 말이다.) 그러나 새로운 회계 연도마다 미국은 빈손으로 시작한다. 세금이 들어오기 시작하기 전에는 현금 유입이 없는 것이다.

몇 십년간의 과도한 장기적인 경기 호황 덕에, 미국 정부는 눈덩이처럼 불어나는 재정 지원 혜택을 감당할 수 있었다. 그것은 지난 30년에 걸쳐 GDP가 약 15조 달러로 증가하는 바람에 조세 기반이 크게 확대되었기 때문이다. 그런데 정부 지원을 받은 모든 시민들과 정부가 그 동안 즐겨온 막대한 현금이 의료비로 인해 바닥이 나고 있다. 의료 문제가 매우 심각한 것도 그 때문이다.

의료비는 미국이 당면한, 가장 커다란 연간 예산 문제이다. 그리고 미국 리더들이 헛다리를 짚고 있기 때문에 아직까지 아무런 해결책도 마련되지 못한 상태이다. 당신의 도시의 리더로서 의료 위기를 극복하려면 당신은 다음과 같은 사실들을 알아야 한다.

1. 현재 의료 제도 개혁안은 "의료 법안"이 아니다. 그것은 보상범위와 보상금 문제를 다루고 있는 보험 법안이다. 그 법안은 미국이 감당할 수 없는 비용을 부담하게 된 이유나 질병을 예방할 방법과 관련해 근본적인 해결책을 제시하고 있지 않다. 그 법안은 그저 누가 의료 혜택을 받고 누가 그 비용을 부담할 것인지 말해주고 있을 뿐이다.

2. 향후 의료 개혁에서 리더로서 커다란 돌파구를 마련하려면, 의학연구소가 아니라, 행동 경제학에서 그 답을 찾아야 한다. 그 돌파구는 모든 이에게 책임을 돌리는 복잡한 재정 정책이 아니라, 건강하지 못한 미국인들에게 있다. 의료 제도 위기에서 벗어날 유일한 방법은 미국인들이 흡연과 식습관, 운동, 그리고 생활방식을 바꾸도록, 다시 말해 예방을 생활화하도록 독려하는 것이기 때문에, 당신은 결정적인 해결책을 행동 경제학에서 찾게 될 것이다. 미국인들이 뚱뚱해지고 게을러지고 있

다고 말했던 일본인 관료를 기억하는가? 갤럽의 경제 연구 자료에 따르면, 3억 명의 미국 시민들 가운데 상당수가 생활방식, 특히 식생활을 개선시키지 않으면 눈덩이처럼 불어나는 의료비를 멈출 방법은 없다.

3. 행복에 대한 최대 조사인, 갤럽-헬스웨이스 행복지수 Gallup-Healthways Well-Being Index에 따르면, 과체중이고 비만인 사람들이 건강한 사람들보다 신체적으로 그리고 정신적으로 에너지가 부족하고, 숙면을 취하지 못하는 사람들이 에너지가 더 적으며, 금전적인 걱정거리가 있는 사람들이 스트레스가 더 심하다. 느릿느릿한 노동자는 말할 것도 없고, 이러한 상황이 감당할 수 없는 의료비를 야기하고 있는 것이다. 한 마디로 건강하지 못한 사람들이 미국 납세자들에게 수조달러의 비용 부담을 지우고 있는 것이다. 보다 많은 일자리 창출에 쓰여야 할 수조달러를 말이다.

4. 유일한 해결책은 건강과 행복을 증진시키기 위한 기업들과 도시들의 합동 전략들 속에 있다. 특히 (흡연 전략만큼) 성공적으로 비만을 줄이는 데 초점을 맞춘 전략들 속에 말이다.

의료 문제가 해결되지 않는다면, 의료 위기가 미국 경제를 무너뜨리고, 자본주의의 미래와 최고의 일자리들을 중국, 인도, 그리고 다른 국가들의 손에 넘겨줄 것이다. 이것은 과장이 아니다. 의료비 규모가 엄청나기 때문에, 의료비만으로도 미국이 무너질 수 있다. 그 동안 겪었던 다른 많은 문제들에서와 달리, 미국은 이 문제에서 빠져나올 수 없다.

　미국을 위해, 그리고 당신의 도시를 위해 행동 경제학에 기초한 리더십으로 재앙과도 같은 이 문제를 해결할 방법을 제시하기에 앞서, 나는 감당할 수 없는 의료비라는 이 다가오는 운석의 규모와 범위부터 살펴보고자 한다.

전쟁비용의 10배가 넘는 의료비용

1. 미국은 2009년 한 해 동안 의료 부문에 2조 5000억 달러를 썼다. 이 가운데 거의 절반이 메디케어와 메디케이드에서 나갔다.(세금으로 낸 것이다) 그리고 나머지 절반은 개인 보험료 및 본인부담금으로 나간 것이다.

2. 이것은 미국이 부담하고 있는 어떤 비용보다 큰 비용이다. 이라크 및 아프가니스탄 전쟁의 경우 연간 2000억 달러의 비용이 든다. 한 마디로 연간 의료비가 연간 전쟁비용보다 10배나 더 많은 것이다. 내가 이야기를 나

눈 사람들 가운데 이러한 사실을 아는 이가 거의 없었다. 배려심 많은 미국인들이 "그런 전쟁들만 없어도, 모든 사람에게 의료 혜택을 충분히 제공할 수 있을 것이다"라고 말하는 것을 나는 이따금 듣는다. 그러나 그 생각은 틀렸다. 미국이 전쟁 비용을 아무리 삭감해도 의료 혼란을 해결하기에는 역부족이다.

3. 3억 명의 미국인들을 위한 연간 의료비는 2조 5000억 달러이다. 인구 10억의 인도의 전체 경제 규모는 1조 5000억 달러가 조금 안 된다. 인도의 의료비용이 아니라, 인도 전체 GDP가 1조 5000억 달러에 못 미치는 것이다. 러시아의 GDP 역시 1조 5000억 달러가 안 된다. 그들의 의료비가 아니라, 전체 경제가 말이다.

4. 연간 한 사람당 의료비로 미국은 평균적으로 약 8000달러를 쓰고 있다. 예를 들어 2형 당뇨병이나 고혈압 진단을 받을 경우, 일부 미국인들은 식사를 줄이고 운동을 늘이는 간단한 방법을 택하기보다, 약을 복용하며 계속 건강에 해로운 생활을 한다. 무릎관절과 고관절에 이상이 생긴, 비만인 사람들은 체중을 줄이기보다 관절 교체 수술을 받는다. 체중 감량으로 그 문제를 흔히 해결할 수 있음에도 불구하고 말이다. 이것은 잘못된 선택들이 한때 위대했던 국가를 어떤 식으로 죽이고 있는

지 보여주는 단적인 사례들이다. 영국과 독일, 캐나다, 그리고 프랑스 같은 국가들의 생산적이고 건강한 사회들은 시민 한 사람당 미국의 절반도 안 되는 비용을 지불하고 있다. 하지만 그들 국민들은 미국인들보다 더 오래 살며, 미국 시민들이 미국의 의료품질을 높이 평가하듯 그들도 자국의 의료품질을 높이 평가한다.

5. 마지막으로 문제가 빠른 속도로 악화될 것이다. 미국 정부의 자료대로라면, 의료비가 향후 10년 동안 연간 6퍼센트 이상 늘어날 것이기 때문이다. 따라서 현재 미국이 감당할 수 없는 2조 5000억 달러라는 의료비가 미국 경제보다 훨씬 빠른 속도로 증가할 것이고, 10년 이내에 4조 5000억 달러에 이르게 될 것이다. 미국이 이미 감당할 수 없는 현재의 의료비가 2조 5000억 달러이고, 10년에 걸쳐 (현재의 의료비를 초과하여 증가할) 연간 의료비 초과 증가분을 모두 합치면, 10년간 의료비 증가 총액이 10조 달러에 달할 것이다. 그러므로 미국은 향후 10년에 걸쳐, 이미 감당하지 못하고 있는 의료비 이외에 10조 달러를 더 내놓아야 할 것이다. 이 거액이 하늘에서 뚝 떨어지지는 않을 것이다. 미국이 중국에서 그 거액을 빌릴 수 있으리라 생각할 수도 있겠지만, 그들이 어느 국가에든 10조 달러를 순순히 빌려주지는 않을 것이다. 그리고 중국을 포함해 그 어떤 국가도 그런

거액을 놀리고 있을 리가 없다. 미국은 지금도 거액의 적자에 시달리고 있다. 지금 멈춰 세우지 않으면, 이 10조 달러로 인해 미국을 망치는 전체 적자가 극복할 수 없는 수준에 이르게 될 것이다.

이것이 바로 의료 문제의 규모이고 범위이다. 미국인들은 의사와 의약품, 그리고 모든 의료서비스를 지나치게 남용하고 있고, 실제로 영국인들, 프랑스인들, 독일인들, 캐나다인들보다 일찍 생을 마감하고 있다.

미국 지도자들 가운데 이러한 기본적인 사실들을 아는 이가 거의 없다.

여기서 한 가지 더 계산해보자. 서브프라임 사태(subprime mess: 미국의 대형 주택담보대출업체들이 파산하면서, 미국뿐 아니라 세계금융시장에 신용경색을 불러일으킨 경제위기 – 옮긴이) – 즉 단기 실적을 맞추기 위해 필사적으로 노력하던 금융인들이 일으켰고, 당시 미국을 뒤흔들 만한 다른 문제가 없는 상황에서, 받지 말았어야 하는 대출에 서명했던 1000만 명의 시민들과 어느 순간 급작스럽게 대출 규제를 풀어준 20년간의 정부 리더, 그리고 신용평가를 소홀히 했던 감독기관들이 부채질했던 사건 – 는 미국에 3조 달러 정도의 부담밖에 되지 않았다. 단 3조 달러. 그리고 그것은 미국을 포함해 대부분의 세계 국가들을 무릎 꿇렸다. 그것은 대공황 이래 어떤 경제적, 사회적, 혹은 국제적 위기보다 심각했다. 그리고 여전히 사람들은 그것이 어디서 끝을 맺을지 확실히 알지 못한다.

그러나 의료 문제는 그보다 세 배 이상 더 심각하다. 서브프라임 사태는 3조 달러급 쓰나미이지만, 다가오고 있는 위기는 10조 달러급 쓰나미이다. 재계 및 정부 리더들 가운데 이러한 사실을 알고 있는 이가 거의 없다.

문제의 해결책은 있는가

그러나 이 감당할 수 없는 문제의 해결책을 사실상 모든 이가 명확히 알고 있다.

질병통제예방센터Centers for Disease Control and Prevention의 보고에 따르면, 2조 5000억 달러의 의료비 가운데 75퍼센트가 당뇨병, 심장병, 그리고 비만 같이 대개 예방 가능한 만성질환들로 인한 것이다. 미국인들이 자신의 건강과 생활방식 그리고 행복을 개별적으로 책임진다면, 다가오는 의료 재앙은 기적처럼 치료될 수 있다.

럿거스대학Rutgers University 연구원들은 "인생의 마지막 해에 드는 의료비용이 모든 의료 비용의 22퍼센트, 메디케어의 26퍼센트, 메디케어 이외의 모든 의료비용의 18퍼센트, 그리고 메디케이드 비용의 25퍼센트를 차지하고 있다"고 발표했다.

톰슨 로이터Thomson Reuters는 대규모 조사를 실시했고 낭비되는 총의료비가 6000억 달러에서 8500억 달러에 이른다고 했다. 그는 "연간 의료비의 3분의 1이 낭비되고 있다는 계산은 합리적인 계산이다. 아니 적게 잡은 계산이다."라고 말했다. 미국의 의료비 지출액 중 3분의 1이 버려지고 있는 것이다.

미국의 의료 시스템이 얼마나 잘 운영되고 있는지 다음에 듣게 된다면, 이 점을 기억하라. 믿기 어려운 얘기지만, 전문가들의 추정에 따르면, 매년 9만 8000명이나 되는 사람들이 병원에서 의료 사고로 사망하고 있다는 것이다. 그리고 의료 사고로 상해를 입는 환자들의 수는 1백만 명이 넘는다.

병원이 진실로 이라크나 아프가니스탄보다 더 위험한 곳이다. 지난 8년에 걸쳐 약 6000명의 미국 군인들이 이라크와 아프가니스탄 전쟁에서 사망했다. 반면 같은 기간 동안 거의 80만 명의 환자들이 미국에서 의료 사고로 사망했고, 약 800만 명이 상해를 입었다. 병원에서 일어나고 있는 일들과 의료 치사율에 비하면, 전쟁 치사율은 매우 낮은 것이다. 그리고 물론 환자들은 국가를 위해 죽는 것도 아니다.

극적으로 바뀌지 않는다면, 미국은 의료비용 때문에 침몰할 것이고, 세계 전체 경제도 함께 가라앉을 것이다. 미국이 여전히 세계 전체에 황금알을 낳는 거위이기 때문이다. 물론 지금은 병들고 뚱뚱한 거위이기는 하지만 말이다.

사실 미국은 (지불 방식을 손보는 미봉책을 쓸 것이 아니라) 의료비를 절반으로 줄일 해결책이 필요하다. 미국 전체 의료비로 적당한 금액은 연간 1조 2500억 달러이다. 지금의 정확히 절반 수준인 것이다. 각 도시의 경우도 마찬가지이다. 각 도시의 의료비도 적정 의료비의 정확히 두 배 수준이다. 의료비를 절반으로 줄이는 것이 아직은 요원한 일이라는 것을 나도 알고 있다. 사실 정도의 차이는 있지만, 도시들과 기관들이 현재 해야 할 일은 현재의 의료비 증가에 현명히 대처하는 것이다. 아무도 감당할 수 없는 비용이 증가하고 있고, 해마다 6퍼센트씩 상황이 더 악화되고 있다. 만약 당신이 미국인이라면, 당신의 세계가 이 6퍼센트로 인해 조각조각 부서지는 것을 보게 될 것이다. 그것이 매우 크기 때문에, 그리고 점점 불어나고 있기 때문에 모든 것이 틀어지게 될 것이다.

비만비용이 의료비용의 70퍼센트

이 거대한 문제를 풀기 위해 리더들은 어디부터 손을 댈 수 있을까? 교육에서처럼, 이것은 국가 차원이 아니라 도시 차원에서 시작할 문제이다. 현재 도시들 간에는 의료비 격차가 심하고 의료 정책의 결과도 크게 다르기 때문이다. 그리고 여기서도 행동 경제학에서 영속적인 해결책의 열쇠를 찾을 수 있을 것이다.

극단적으로 단순화시키면 고전 경제학의 주장은 '돈'에 변화를 주라는 것이고, 행동 경제학의 주장은 행동이 돈보다 먼저이기 때문에 행동에 변화를 주라는 것이다. 중앙정부가 지금 하고 있는 일은 그저 계산기를 두드리는 것이다. 고전 경제학자의 시각은 미국이 의료 제도를 개혁하여 새로운 지불 체계를 구축할 수 있다면, 이 문제를 해결할 수 있다는 것이다. 행동 경제학의 시각은 대중들이 생활방식을 바꿀 결심을 한다면, 미국은 이 문제를 해결할 수 있다고 보는 것이다.

고전 경제학적 시각은 어떤 것도 해결하지 못한다. 그저 조금씩 다른 방식으로 늘어나는 빚을 갚아나갈 뿐이다. 의료비 지원 방식을 손봄으로써 우대 혜택이 달라지고 그 결과로써 약간의 여윳돈이 생길 수는 있지만, 그것이 '행동'에는 영향을 미치지 못할 것이다. 그 모든 거액이, 그 엄청난 거액이 행동에 달려 있는데도 말이다.

현재 미국인들은 자신의 생명을 6개월 연장시키는 데 수조 달러를 쓰는 길을 선택하고 있다. 상하의원들은 미국이 이제 더 이상 죽어가는 사람들의 생명을 조금 더 연장시키기 위해 돈을 무한정 쏟아 부을 수 없다고 결코 말하지 않을 것이다. 그것은 슬픈 일이고 개인적으로 충격적인 일이다. 하지만 현실적으로 미국은 그럴 세수가 없다. 그럼에도 불구하고 미국은 생명 연장에 많은 의료비를 지출하고 있다. 그것은 당신이 뽑은 관료들이 당연히 말하고 싶어 하지 않는, 혹은 접근조차 꺼려할 수밖에 없는 문제이다. 어떻게 해서든, 사람들은 죽음을 맞이하는 방식을 개선시켜야 한다. 그렇지 않으면 인간의 훨씬 더 중요한 문제들에 맞닥뜨리게 될 것이다.

여기에 비만으로 인한 비용이 더해지고 있다. 질병통제예방센터의 발표에 따르면, 미국의 의료비 지출액의 70퍼센트가 예방 가능한 질병들로 인한 것이다. 그리고 이 예방 가능한 질병들을 일으키는 주범이 바로 비만이다. 비만은 2형 당뇨병 및 여타 만성질환의 위험을 증폭시켰다. 그리고 이러한 위험 증가는 모든 일이 어긋나도록 촉매 역할을 하고 있다. 질병통제예방센터에 따르면, 20세 이상의 미국 성인들 가운데 3분의 2 이상이 매우 뚱뚱하다. 미국인들 가운데 3분의 1 가량이 정상 체중이고, 3분의 1은 과체중이며, 3분의 1인 비만이다. 이것이 2조 5000억 달러의 연간 의료비의 거의 70퍼센트를 차지하고 있다.

분명 모든 미국인들이 정상 체중이 된다면, 의료비와 사상자 같은 의료 문제가 기적처럼 해소될 것이다. 미국인들이 정상이 되면, 비용을 절감할 수 있는 것 외에도, 정상인 사람들이 비만인 사람들보다 생산적이기 때문에 마법처럼 모든 것이 해결될 수밖에 없다. 매년 미국은 비만으로 인해 의료비와 생산성 측면에서 수십 억 달러의 손실을 입고 있다. 건강한 사람들이 보다 많은 고객들과 새로운 일자리들을 창출한다.

요컨대 주된 해결책들은 사람들의 식생활을 개선시키고, 죽음을 맞이하는 방식을 바꾸는 데 있다.

나도 이것이 어려운 요구이며, 리더들 입장에서는 이 때문에 상황이 더 힘들어지라는 것을 알고 있다. 하지만 그들은 용기를 내야 한다. (거론하고 싶지 않은) 이 심각한 문제를 해결하지 않고서는 미국은 일자리 성장을 이루어낼 수 없다. 모든 재정이 미국인들의 건강에 해로운 습관들을 뒷받침하는 데 허비될 것이기 때문이다.

워싱턴이 지금 하고 있는 것처럼 단순히 지불 방식을 달리하는 것으로는 문제를 해결하지 못할 것이고, 시민들은 계속 그릇된 선택을 할 것이고 유해한 생활방식을 고수할 것이다. 이 방법은 처방전과 메스를 들고 있는 의사들이 항상 대기 중에 있으며, 다른 누군가가 그 모든 비용을 부담할 것이기 때문에 걱정할 것 없다는 메시지를 전달하고 있다. 이것은 책임을 그릇된 곳으로 돌림으로써 문제를 더 키우고 상황을 더 악화시키고 있다. 마치 워싱턴은 미국인으로서 당신은 건강하지 않을 권리가 있다는 메시지를 국민들에게 보내고 있는 것 같다.

미국은 현대 의학이 치료할 수 있는 온갖 종류의 질환을 앓고 있는 국민들, 특히 어린이들을 위해 거액의 돈과 우수한 의약품이 필요하다. 그러나 치료 가능성이 없는 누군가의 목숨을 3개월 더 연장하는 데 모든 돈을 써버린다면, 다른 환자들을 고치는 데 쓸 수 있는 돈이 사라지게 될 것이다. 이 의사 저 의사를 찾아다니며 성공 가능성이 없는 이 수술 저 수술을 받을 것이 아니라, 하늘나라로 올라가서 이미 그곳에 가 있는 친구들을 만날 때라고 누군가 그 사람에게 말해주어야 한다.

효과적인 처방은 무엇인가

〈사례1〉 흡연:죽음보다 무서운, 부정적인 브랜드 이미지

미국은 행동에 있어 근본적인 변화를 이루어낼 수 있다. 미국인의 또 하나의 "권리"-다시 말해 흡연권-를 두고 벌어졌던 일들을 보면 알 수 있다. 내가 어렸을 때에는 거의 모든 사람이 담배를 피웠다. 사람들은 교회, 상점, 레스토랑, 버스, 그리고 비행기에서도 흡연을 즐겼다. 심지어 나의 주치의였던 의사는 나를 진찰하면서도 담배를 피웠다. 내가 대학생이었을 때, 영어 수업 시간에 들어가면 강의실이 담배 연기로 자욱했다. 지금은 흡연율이 절반으로 줄었고, 지금도 계속 감소하고 있다.

몇 년 전, 갤럽 연구팀은 흡연자들, 특히 젊은 흡연자들의 경우 흡연 결심이나 금연 결심을 할 때 또래 집단으로부터 받는 심리적 압박peer-pressure이 가장 큰 요인이라는 획기적인 사실을 찾아냈다. 그들은 흡연이 건강에 치명적이기 때문에 금연을 결심하는 것이 아니다. 흡연의 결과는 즉시 나타나는 것이 아니므로, 흡연이 치명적으로 위험하다는 말로는 금연하도록 청소년들을 설득할 수 없었다. 그것으로는 담배를 끊을 결심을 할 정도의 두려움을 불러일으킬 수 없었다. 그것으로는 습관을 바꿀 만큼 그들을 겁줄 수 없었다. 젊은 사람들은 종종 자신이 죽지 않으리라 생각한다. 그러므로 그들은 흡연의 위험을 판단할 때, 이런 질문을 이용한다. "이 담배 한 대 핀다고 내가 죽을까?" 물론 그들이 이러한 질문을 하면, 대부분의 사람들이 아니라고 대답할 것이다. 한 대의 담배로 병이 들고 암에 걸리지는 않을 것이다. 그러므로 그들은 그 한 대의 담배를 피운다.

그리고는 또 이렇게 묻는다. "한 대 더 핀다고 내가 죽을까?" 이 질문에도 대부분의 사람들은 아니라고 대답할 것이다. 이 두 번째 피는 담배로 그들이 죽지는 않을 것이다. 하지만 오랜 흡연 습관은 당신을 병들게 하고 죽음에까지 이르게 한다. 그러나 청소년들은 장기적인 시각에서 의사결정을 내리지 않는다. 규칙적인 흡연 습관이 당신을 죽인다는 사실이 그들에게는 담배를 끊을 만큼 두렵거나 불편한 진실이 아니다. 그러므로 그들은 그 다음 담배를 피게 되는 것이다.

젊은 사람들은 흡연이 개인적인 '브랜드'에 영향을 미친다는 것을, 그것이 부정적인 이미지 – 다시 말해 수입이 적어 보이고 머리가 나빠 보이고 다른 불유쾌한 자질들을 연상시키는 이미지 – 를 만들어낸다는 것을 알고 나면, 금연을 선택했다. 개인적인 건강보다 개인적인 브랜드에 입히는 즉각적인 손상을 감안하여 젊은이들에게 흡연 여부를 결정하도록 했더니, 그들의 흡연 습관이 달라졌다. 그 방법이 효과가 있었고, 그들은 담배를 끊었다.

젊은이들의 흡연 습관에 커다란 영향을 미친 것은 흡연의 이미지를 부정적으로 변화시키고, 그러한 메시지를 뒷받침하는 (흡연의 부정적인 이미지와 관련된) 새로운 정책들을 만들어낸 것이었다. 성인들이 담배를 줄이는 결정적인 계기가 된 것은 레스토랑과 기타 공공장소에서의 흡연을 금지시킨 시의 조례였다. 그 다음에는 직장이 타깃이 되었다. 근무 중이든 아니든, 기업들이 어디서든 담배를 피우는 근로자를 해고할 수 있도록 허용한 일부 판결들도 금연의 계기가 되었다. 흡연을 멋스럽게 포장하는 텔레비전 광고 금지 조치 역시 일조했다.

그러나 여기서 한 가지 중요한 점은 30년 전에 만약 내가 미국인들에게 더 이상 담배 필 권리가 없다고, 즉 흡연 구역을 제외하고는 어느 누구도 미니애폴리스, 뉴욕, 오마하, 혹은 토피카의 어디서도 담배를 피울 수 없다고 말했다면, 세상 사람들 가운데 단 한 사람도 그 말에 수긍하지 않았을 것이다. 젊은이들을 포함해, 흡연 인구가 갑자기 절반으로 줄어들 것이라고 말했다면, 아무도 그 말을 믿지 않았을 것이다.

그 모든 일이 일어난 것이 암과 죽음이라는 장기적인 불이익보다 부정적인 이미지라는 단기적인 불이익을 통해, 금연을 결심하는 데 필요한 '두려움'을 불러일으켰기 때문이다. 금연을 결심할 때, 사람들의 의사결정 프로세스를, 즉 사람들의 마음을 움직이는 것이 무엇인가에 대한 발상의 전환(예를 들면 죽음에 대한 두려움이 아니라 흡연이 불러일으킬 부정적인 이미지에 대한 두려움이라는 발상의 전환)이 효과가 있었던 것이다.

행동 경제학은 흡연 문제를 바로잡은 것이다. 누군가는 (흡연율 제로 등) 제로를 추구하는 이 시대의 수학적 트렌드 때문에 흡연 문제가 해결되었다고 주장할 수도 있다. 분명한 것이 흡연 문제가 리더들이 어떤 식으로 행동 경제학을 활용하여 커다란 문제를 해결할 수 있는지 보여주는 확실한 사례라는 것이다.

〈사례2〉 쓰레기 무단 투기 : "텍사스를 더럽히지 마세요"
사실 행동 경제학을 이용하여 커다란 문제를 성공적으로 해결한 또 다른 사례들이 있다. 쓰레기 무단투기 문제를 기억하는가? 50년 전, 나는 아버지와 함께 낚시를 다녔다. 그때 우리는 점심식사를 담아왔던 봉지들을 창문 밖으로 던지곤 했다. 만약 당신이 길거리에 서 있다가 그렇게 쓰레기를 버리는 우리를 보았다면, 당신은 대수롭지 않게 생각했을 것이다. 당시에는 길거리에 쓰레기를 버리는 것이 그리 나쁘게 생각되지 않았기 때문이다.

몇 십 년 전, 그 모든 것이 달라졌다. 1982년 당시, 텍사스 고속도로에 쓰레기가 연평균 17퍼센트씩 늘어나고 있었다. 텍사스고속도로관리위원회the Texas Highway Commission는 이 늘어나는 쓰레기를 처리하기 위해 예산 확충 문제를 논의했다. 당시 그것이 전국적인 추세였고, 사람들이 제시할 수 있는 유일한 해결책이었다. 쓰레기 처리를 위해 주정부 예산을 17퍼센트 늘려야 한다는 요구를 듣고, 위원회 의장은 쓰레기 수거에 세금을 더 쏟아붓는 대신, 쓰레기를 버리지 않도록 텍사스 사람들을 설득하는 것이 어떻겠느냐고 물었다.

나는 그것이 진짜 '노벨상'감이라고 생각한다. 그 결과로 시작된, '원인'에 기초한 행동 경제학 캠페인이 벌어졌고, 텍사스에서 쓰레기 무단투기에 대한 인식을 영원히 바꾸어놓았다. "텍사스를 더럽히지 마세요Don't Mess with Texas"는 미국에서 가장 유명한 슬로건 가운데 하나가 되었다. 그리고 텍사스는 텍사스주州 사람들의 주州에 대한 강한 자긍심을 이용하여, 텍사스주 고속도로를 깨끗이 하고 예산을 삭감하는 매우 효과적인 계획을 제시함으로써 5년 동안 쓰레기를 70퍼센트 가량 줄였다. 고치기 어려워 보였던 미국인들의 나쁜 습관을 고칠 수 있었던 것은 무단 투기된 쓰레기 처리라는 '결과'에 보다 많은 세금을 쏟아 붓기보다 그

'원인'을 찾아내어 적절히 대처했기 때문이다.

　의료 문제로 되돌아가보자. 사람들은 의료 문제의 근본 원인이 그저 무능한 리더십에 있는지 따져보아야 한다. 미국은 단순히 스스로를 병들게 하는 사람들에게 의료비를 지원하는 일에 동조하고 있는 것처럼 보인다. 더 이상 스스로를 병들게 해서는 안 되는 이유를 설득력 있게 피력하기보다 그저 "쓰레기를 수거하는 데(즉 뒷수습하는 데)" 2조 5000억 달러 가운데 일부를 쓰고 있는 것이다.

　현실에서는 그 반대 상황이 연출되고 있다. 즉 미국인들은 어서 부지런히 과자를 먹어서 만성질환들에 걸리라는 유혹을 받고 있는 것이다. 그러나 미국의 미래를 걱정한다면, 비만은 매우 중요한 문제이다. 그러므로 리더들은 흡연 문제 때 효과가 있었던, 이미지에 기초한, 행동 경제학적 해결책을 이용하여 새로운 메시지를 전달해야 한다.

　비만이 지금보다 심각한 의미를 지녀야 한다. 비만이 "개입이 필요한" 무엇인가를 의미해야 한다. 비만이 에너지를 저하시키는 원인이기 때문에, 뚱뚱하다는 것이 그만큼 취직하기 어렵다는 의미를 지녀야 한다. 비만이 흡연과 마찬가지로 리더 자리에 부적합하다는 것을 의미해야 한다. 당신이 이미 눈치 챘는지도 모르겠지만, 선출직 관료들, 고위 군 장성들, 호평 받는 CEO들

과 회장들, 영향력 있는 방송인들, 혹은 유명하거나 존경받는 각
계 리더들 가운데 비만이거나 담배를 피우는 이가 거의 없다. 네
이비실(Navy SEAL: 미국 해군의 엘리트 특수부대로 SEAL은 sea바다, air
공중, land지상을 의미한다 – 옮긴이)은 비만인 사람을 뽑지 않는다.
미국 군대에는 승진에서 밀리는, 비만인 장교들을 비공식으로
일컫는 잔인한, 완곡한 표현이 있다. 그들 사이에서 비만 장교들
은 "퍼레이드에서 존재감이 부족하다lacking parade presence"는 소
리를 듣고 있는 것이다.

갤럽의 리서치에 따르면, 그것은 결코 비만인 사람들이 부족
하다는 얘기가 아니다.

'갤럽의 5가지 행복 요소'

미국은 매우 중요한 리더 자리에는 모든 의미에서 가장 건강한
사람들을 앉혀야 한다. 왜냐하면 그들은 유권자들에게도 건강하
길 요구할 것이기 때문이다. 갤럽은 행동 경제학 차원에서 의료
및 질병에 관한 심도 있는 조사를 수행했고, 행복의 다섯 가지
핵심 요소를 찾아냈다. 리더들이 다음 다섯 가지 요소를 향상시
킬 수 있도록, 행동에 기초하여 전략 및 정책을 수립한다면, 유
권자들에게 좋은 일들이 뒤따를 것이다.

일에서의 행복 Career Wellbeing: 이것은 당신이 주어진 시간을 어떻게 채워나가고 있는가 하는 것이다. 다시 말해, 매일 하고 있는 일을 당신이 진정으로 즐기고 있는가 하는 것이다.

사회적 행복 Social Wellbeing: 이것은 생활하면서 다른 이들과 돈독한 인간관계를 형성하고, 사랑을 나누고 있는가 하는 것이다.

경제적 행복 Economic Wellbeing: 이것은 당신이 경제생활을 얼마나 효과적으로 관리하고 있는가 하는 것이다.

육체적 행복 Physical Wellbeing: 이것은 신체적으로 건강하고, 매일 해야 하는 일들을 제대로 완수할 충분한 에너지를 갖고 있는가 하는 것이다.

지역사회에서의 행복 Community Wellbeing: 이것은 당신이 살고 있는 지역사회 활동에 적극적으로 참여하고 있는가 하는 것이다.

이러한 요소들은 대부분의 사람들에 있어 지극히 중요한, 폭넓은 범주들을 포괄하고 있다. 모든 리더들에게 있어, 이 행동경제학의 다섯 가지 핵심 지표들이 새로운 요구사항이 된다면, 그 결과 이러한 지표들이 문화 속에 녹아들게 된다면, 비로소 미국은 최고의 일자리들을 창출할 수 있게 될 것이다. 기업들에서 놀이공원에 이르는, 각계각층의 모든 미국인 리더들이 지역사회에서 이러한 행복들을 향상시킨다면, 그들은 미국의 의료 문제를 해결할 수 있게 될 것이다. 일자리 문제도, 기업가 문제도, 그리고 다른 모든 문제도 극복할 수 있을 것이다.

당신이 취직하지 못하거나 승진하지 못할 때, 데이트 신청을 거절당하거나 친구를 사귀지 못할 때, 어떤 활동에 참여하지 못하거나 존중받지 못하고 무시당할 때 그 이유가 비만에 있다는 것을 알게 된다면, 그것만으로도 의료 문제가 해결될 수 있다. 의료 문제를 바로잡고 미국의 경제 엔진을 살려내는 계산법은 매우 간단하다. 즉 건강한 미국인들의 수를 두 배로 늘리는 것이다. 그러면 그 문제가 해결되고, 미국은 자유세계의 리더 자리를 되찾게 될 것이다. 그것은 돈과 에너지의 영향력이 그만큼 크기 때문이다.

3분의 1의 과체중인 미국인들이 정상 체중이 된다면, 그래서 정상 체중이 미국이이 3부의 2가 되다면, 그 뮤제는 해결될 것이다. 비만을 고치면 2형 당뇨병도 그만큼 없어질 것이다. 그리고 비만을 고치면, 현재 세제안들로 인해 미국인들 주머니에서 나가야 하는 것보다 더 큰 여윳돈이 생길 것이다. 리더십을 발휘할 단일한 방법 가운데 건강한 미국인들의 수를 두 배 증가시키는 것보다 재정적인 측면에서 더 효과적인 방안은 없을 것이다.

아니면 이 문제를 다음과 같이 볼 수 있다. 비만인 미국인들의 비율을 현격히 줄일 경우, 이라크와 아프가니스탄에서 미군을 철수시키는 것보다 몇 배나 많은 세금을 절약할 수 있다고 말이다.

미국인들은 너무 크고 복잡해서 이러한 수치에 당혹감을 감추지 못할 것이다. 리더들은 미국인들을 보다 현명하게 리드해야 한다. 그리고 나면 미국은 각 가정과 기업에서 세금을 올리거나 재무부에서 '가짜' 신권을 더 찍어내고 '가짜' 가치를 지닌 '가짜' 일자리를 더 창출할 필요가 없어질 것이다. 그러면 미국에서는 기업가적 에너지를 보다 의욕적으로 뿜어내는, 보다 생산적이고, 보다 에너지 넘치는 유능한 시민들이 탄생할 것이고, 재정은 갑자기 흑자로 돌아서게 될 것이다. 그만큼 그 수치는 엄청난 것이다.

미국 리더들이 현재 매달리고 있는 곳에는 의료 문제를 해결할 해결책이 없다. 일시적으로 지불 정책을 변경하는 미봉책은 해결책이 아니다. 해결책은 '행동'을 변화시키는 데 있다.

유권자들의 3분의 2가 비만이거나 건강하지 않은 나라-혹은 체중, 운동부족, 흡연, 부적절한 식생활, 낮은 행복감 때문에 곧 그렇게 될 나라-는 향후 외국 경쟁자들과의 경제 싸움에서 결코 이길 수 없다. 근로자들은 승리할 수 있을 만큼 건강하지 못할 것이다.

미국인들이 혁신과 기업가정신, 그리고 결과적으로 일자리 창
출에 써야 할 모든 돈이 사실상 의료비로 전용되고 있다. 의료비
가 중소기업들과 대기업들을 질식시키고 있다. 보다 구체적으로
설명하자면, 정부가 의료비를 지불하고 그것을 기업들, 대개 중
소기업들에 전가할 방법을 고민하고 있기 때문에, 의료비로 인
해 막대한 불안감이 조성되고 있는 것이다.

그러므로 이러한 감당할 수 없는 비용이 역전될 때까지, 미국
인들이 건강 관련 행동 방식을 현저히 개선시킬 때까지, 미국은
경쟁 우위를 점하지 못하고 세계적인 양질의 일자리 전쟁에서
승리하지 못할 것이다.

12장

결론은
국민총행복이다

- 행복의 정의
- 행복 측정 잣대, '갤럽의 인생 사다리'
- 국민이 행복해지는 8단계 디딤돌
- 장기적인 성공의 열쇠는 인재유입이다
- 행복한 국민이 행복한 국가를 만든다

G.a.l.l.u.p. R.e.p.o.r.t

》》》

행복의 정의

세계의 행복과 세계 행동 경제학으로 이제 지평을 넓혀 보자. 비즈니스 파트너라는 이유만으로도 미국은 모든 국가들이 잘 되길 바랄 필요가 있다. 미국이 다른 국가와 맺을 수 있는 관계들 가운데 가장 지속 가능하고 가장 중요한 관계는 비즈니스 관계이다. 정치 관계나 원조 관계, 혹은 방위 관계가 아니라, 비즈니스 관계가 가장 중요한 관계인 것이다. 그리고 상품 거래를 바탕으로 형성된 유익한 비즈니스 관계에서 미국은 세계를 선도하는 역할을 해야 한다. 인류의 발전과 평화, 그리고 모든 좋은 일들이 거기서 비롯되기 때문이다. 그중에서 가장 중요한 것이 바로 '행복wellbeing'이다.

행복wellbeing 지수란 당신이 속한 도시, 국가, 선거구, 그리고 당신을 따르는 추종세력들의 감정적, 심리적 상태를 수학적으로 풀어놓은 것이다. 그것은 그들이 고통 받는 중인지, 고전 중인지, 아니면 번영 중인지를, 몸이 아프거나 질환에 시달리고 있는지를, 숙면을 취하고 있는지를, 그들이 근심걱정하고 있는지, 스트레스 받고 있는지, 슬퍼하고 있는지, 외로워하고 있는지, 아니면 우울해하고 있는지를, 그리고 그들의 희망과 육체적 건강을 수학적으로 설명하고 있다. 그것은 당신이 즐거운 하루, 그리고 행복한 한 해를 보냈는지, 다시 말해 행복한 삶을 살았는지 말해주고 있다.

각 도시의 GDP 및 각 국가의 GDP가 변동하기 전, 국민총행복(gross national wellbeing: 국가발전지표를 국내총생산GDP이 아니라, 국민들이 느끼는 행복으로, 즉 국민총행복GNW으로 측정해야 한다는 의미, 에서 만들어진 개념 – 옮긴이)이 먼저 변동한다는 사실을 알고 있거나 이해하고 있는 이가 거의 없다. 혁명이 일어나기 전, 그리고 중대한 정치적 변화가 발생하기 전, 국민총행복의 증가나 감소가 발생한다. 이것은 세계의 리더들, 그리고 각 주와 도시의 리더들이 대부분 헛다리를 짚고 있음을 의미한다. 한 마디로 그들은 백미러로 전방을 보려 하고 있는 것이다. 결과적으로 그들은 소 잃고 외양간을 고치는 일을 되풀이하고 있다. GDP가 국민총행복을 뒤따르고 있기 때문에, 리더들은 행복이 움직이는 방식, 행복이 유권자들에게 미치는 영향, 그리고 무엇보다 행복을 향상시킬 방법을 이해해야 한다.

행복 측정 잣대, '갤럽의 인생 사다리'

하루가 끝나갈 무렵, 대부분의 사람들은 자신이 행복한 하루를 보냈는지 아닌지 말할 수 있다. 사실 행복한 한 주, 한 달, 한 해, 혹은 일생을 보냈는지 아닌지 말할 수 있을 것이다. 지금 당신이 하루 생활에 대해 사람들에게 약간 더 자세히 묻는다면 - 다시 말해 "배불리 식사 잘 했어요?" 혹은 "친구들과 좋은 시간 보냈어요?" 라고 묻는다면 -, 그리고 그 대답을 수집하고 측정한다면, 당신은 행복을 측정할, 일관성 있고 믿을 수 있는 잣대를 손에 넣게 될 것이다. 갤럽이 하고 있는 것처럼 말이다.

사실 갤럽은 지난 6년 동안 150여개 국가에서 행복과 관련된 설문조사를 실시했고, 그 응답들에 대해 전문가 수준의 통계 분석을 수행했다. 많은 복잡한 수치들을 하나의 "인생 사다리ladder of life"로 간단히 설명할 수 있게끔 말이다.

캔트릴 자아준거적 성취 척도Cantril Self-Anchoring Striving Scale를 이용하여, 갤럽은 응답자들에게 (0에서 10까지 숫자가 매겨져 있는) 인생 사다리에서 현재 자신이 몇 번째 계단에 서 있다고 생각하는지 평가하도록 요구함으로써 삶에 대한 만족도를 측정하고 있다. 세상 사람들이 어느 정도 행복한지 측정하는 가장 좋은 방법 가운데 하나가 이렇게 물어보는 것이다.

앞에 사다리가 하나 놓여 있다고 상상해보라. 사다리에는 아래에서 위로 0부터 10의 숫자가 매겨져 있다. 사다리의 최상층은 당신이 최상의 삶을 살고 있음을 의미하고, 최하층은 최악의 삶을 살고 있음을 의미한다.

지금 이 순간, 당신은 몇 번째 계단을 밟고 서 있는 것 같은가?

미래에, 가령 지금으로부터 5년 뒤에 당신은 몇 번째 계단에 서 있을 것 같은가?

응답자들이 자신의 현재의 삶과 미래의 삶을 평가한 방식을 토대로, 갤럽의 연구원들은 그들을 "번영 중thriving", "고전 중struggling" 혹은 "고통 받는 중suffering" 이렇게 세 가지 부류로 분류한다. 갤럽에 따르면, 세계적으로 "양질의 일자리"를 갖고 있는 사람들, 즉 특정 조직에 속해 있고 그곳에서 적어도 일주일에 30시간 동안 근무하고 있는 사람들은 대개 '번영 중'으로 분류될 공산이 크다. 파트타임으로 일하고 있는 사람들, 그리고 실업상태에 있는 사람들은 '번영 중'에 속할 가능성이 적다. 자영업을 하는 사람들은 뒤처지기 십상이고, 번영 중으로 분류될 가능성이 가장 적다.

분명한 것은 근무 현황이 사람들이 자신의 삶을 평가하는 방식에 커다란 영향을 미친다는 것이다.

게다가 갤럽에 따르면, 행복에 관한 질문들에 대한 답변들이 독립적으로 그리고 별도로 실시된, 다른 외적 평가들과 매우 밀접한 관련이 있다. 예를 들면 보다 부유한 국가에서 살고 있는 사람들이 보다 가난한 국가에서 살고 있는 사람들보다 주관적인 입장에서 더 행복하다고 느끼는 경향이 있다. 돈이 행복을 보장하지는 않지만, 부유한 국가에 살면 행복한 삶을 영위할 가능성이 그만큼 높아지는 것은 분명한 사실이다.

세계적으로 유명한 경제학자인 앵거스 디턴Angus Deaton은 평균수명과 HIV인간면역결핍바이러스 유병률 같은 건강 지표와 행복 간의 상관관계를 조사했고, 건강과 행복 간의 상호관계가 실질적인 건강 상태보다 건강에 대한 '기대'에 의해 좌우된다는 결론에 도달했다.

그것은 흥미롭고도 중요한 결과이다. '기대'가 무엇보다 중요한 것이다. 당신이 병에 걸린다면 매우 괴롭겠지만, 그것이 금방 치유될 수 있는 병이라고 한다면 괴로움이 훨씬 덜할 것이다. 그러한 이유 때문에 리더들은 국민총행복이 움직이는 방향에 주목해야 한다. 어떤 도시의 국민총행복 지수가 지금은 높다고 해도 내리막길을 걷고 있는 추세라면, 그 도시는 비록 당장은 국민총행복 지수가 낮다고 해도 매년 조금씩 오름세를 보이고 있는 도시보다 심각한 상황에 처해 있다고 할 수 있다.

갤럽은 또한 한 국가나 지역에서 "번영 중"이 줄어들고 "고통 받는 중"이 증가할 경우 그 국가나 지역은 점점 불안정해질 수밖에 없다는 것을 발견했다. 이러한 결정적인 행동 지표가 국가들과 도시들에 있어 점점 더 중요해지고 있다. 그들은 다른 정부 지원 혜택들뿐만 아니라, 정부가 제공하는 일자리들도 대폭 줄일 수밖에 없기 때문이다. 그들은 "고통 받는 중"에 속하는 사람들의 비율이 증가하는지 계속 주목해야 한다. 그 수치가 잠재해 있는 시민들의 극심한 불편과 불만, 심지어는 대혼란을 말해주는 지표이기 때문이다. 평균적으로 해마다 약 두 개 국가가 혁명의 소용돌이에 휘말리고 있다. 갤럽 경제 조사에 따르면, 혁명 발발의 핵심 요건 가운데 하나가 고통 받는 시민들이 점점 증가하는 것이다.

그리고 갤럽의 리서치에 따르면, 보다 큰 행복을 느끼는 데 있어 양질의 일자리가 매우 중요하다. 사실 갤럽의 세계 행복 로드맵the Gallup Path to Global Wellbeing에서 볼 수 있는 것처럼, 세계의 행복을 증진시키는 데 필요한 여덟 가지 단계 가운데 세 가지 단계에 일자리가 포함되어 있다.

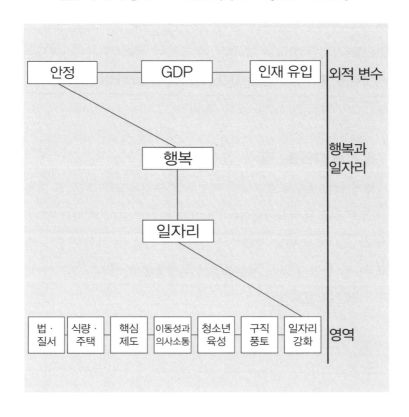

국민이 행복해지는 8단계 디딤돌

어떤 도시나 국가가 양질의 일자리 창출을 확대시켜나갈 수 있
으려면, 우선 그들은 행복으로 가는 여덟 가지 단계들을 순서대
로 충실히 밟아나가야 한다. 그렇지 않으면 남은 연결고리들이
이어지지 않을 것이다. 갤럽의 세계 행복 로드맵을 따라갈 때 지

켜야 하는 중요한 행동 원칙들 가운데 하나는 행복에 이르기 위
해 충족시켜야 하는 이러한 선결조건들 간에 순서가 있으며 그
순서를 지켜야 한다는 것이다. 이 로드맵 위의 이러한 단계들은
개개인을 행복하게 하는 선결조건들이다. 개인의 행복 없이는,
국민들이 행복한 국가를 만들 수 없다.

첫 번째 디딤돌: 법과 질서

세계 리더들에게 요구되는 새로운 요구사항들 가운데 첫 번째
가 두려움을 종식시켜달라는 것이다. 갤럽의 조사에 따르면, 세
계 각 도시에서 행동 경제학에 입각하여 다음 두 가지 질문을 했
고 이 두 가지 질문이 거주민들의 두려움을 말해주는 최고의 지
표인 것으로 밝혀졌다.

- 당신이 살고 있는 도시나 지역에서 밤에 혼자 걸어 다녀도
안전하다고 생각합니까?

- 당신이 살고 있는 도시나 지역의 경찰을 신뢰합니까?

이러한 행동 경제학적 지표가 개선된다면, 국민총행복도, 그
리고 그 결과로 GDP도 개선될 것이다.

이 질문들은 범죄에 대해 거론하지 않는다. 잠재적인 경제 활

동 에너지를 소진시키는 것은 '두려움'이기 때문에, 이 질문들에서는 두려움에 대해 묻고 있는 것이다. 그러므로 안전이 무엇보다 중요하다. 하지만 범죄 통계로 **법과 질서**를 측정할 수는 없다. 범죄 통계가 측정하는 것은 시민들이 느끼는 두려움이 아니기 때문이다. 그것은 그저 얼마나 많은 범죄사건이 보고되었고, 얼마나 많은 범죄자들이 붙잡혔는지를 측정할 뿐이다.

전통적인 데이터 관리 방식과 범죄에 대한 고전 경제학적 시각은 사실을 왜곡시킬 위험이 있다. 예를 들면 순찰 인력을 늘리면 마치 범죄가 증가하는 것처럼 보인다. 순찰 인력을 증가시키면 그만큼 범인 검거율이 증가하기 때문이다. 그러므로 경찰 인력을 보강하면 범죄 관련 통계 수치가 올라간다. 그러한 통계 수치는 범죄가 증가한다거나 감소한다는 의미가 아니다. 때로는 지역사회가 범죄자들만큼 경찰을 두려워하여 범죄를 보고하지 않아서 범죄가 증가하기도 한다. 실제로는 법과 질서가 악화되고 있는데, 마치 향상되고 있는 것처럼 보일 수 있는 것이다.

그런 이유 때문에 시민들이 느끼는 두려움의 정도가 더 많은 것을 말해줄 수 있다. 갤럽이 알아낸 바에 의하면, "당신이 살고 있는 도시나 지역에서 밤에 혼자 걸어 다녀도 안전하다고 생각합니까?"라는 질문에 대한 답변으로 사람들이 느끼는 두려움의 정도를 가장 정확히 측정할 수 있다. 그 질문을 통해 에티오피아의 가난한 어머니에서부터 파리의 교수에 이르는 모든 이가 느끼는 두려움을 정확히 측정할 수 있다.

아프리카, 사하라사막 이남의 여성들은 폭행이나 성폭력을 당할까봐 마을에서 100미터 밖으로만 나가도 두려움을 느낀다고 말했다. 그러므로 그들은 물건을 사거나 팔기 위해 시장까지 걸어갈 수 없다. 그들의 두려움이 걷힌다면, 그들은 아프리카의 GDP를 약간, 어쩌면 많이 증가시킬 것이다. 그들이 지역사회의 경제 에너지에 힘을 보탤 수 있게 될 것이기 때문이다.

몇 년 전 나는 워싱턴디시의 부유한 마을인 조지타운에 살았다. 당시 그곳에서는 범죄가 걷잡을 수 없을 정도로 심각해지고 있었다. 사람들은 일이 끝나면 곧장 퇴근하여 집밖으로 나오질 않았다. 우리는 밤에 혼자 걸어다니는 것을 위험하게 생각했다. 그곳에서는 쇼핑 및 외식이 현격히 줄어들었다. 현지 법규를 강화하는 야심찬 노력에 힘입어 법과 질서가 회복되기 전까지, 레스토랑과 상점들은 매출이 크게 줄었다. 법과 질서가 회복되고 나서야 비로소 그 지역의 GDP가 정상화되기 시작했다. 법과 질서의 회복으로 주민들의 두려움이 가라앉았기 때문이다. GDP와 안전의 관계도 정상으로 회복되었다.

삼사 십년 전, 뉴욕시의 상당 지역이 너무 위험해서 돌아다닐 수가 없었다. 그 후 뉴욕의 리더들은 주로 법과 질서를 확립함으로써 급작스럽게, 그리고 기적처럼 그 문제를 해결했고 뉴욕의 GDP를 증가시켰다. 최근 보고타(Bogota: 남미 콜롬비아 공화국의 수도-옮긴이)에서도 그와 같은 일이 일어났다. 중앙정부와 지방정부가 힘을 합쳐 한때 극도로 위험했던 이 도시를 정화시켰고, 보고타의 레스토랑과 상점들이 그들의 노력을 후방 지원했다. 그 결과 GDP 성장이 증가했다.

싱가포르나 룩셈부르크 같은 지역들은 거주민들이 느끼는 안전감을 향상시킴으로써 얻을 수 있는 것이 거의 없다. 그곳 거주민들은 육체적 상해를 입을 수 있다는 두려움을 현재 거의 느끼지 않기 때문이다. 싱가포르와 아부다비의 안전감은 이미 최고 수준에 이르러 있다. 그러므로 그들은 더 큰 문제들을 갖고 있는 다른 단계들에 주의를 기울여야 한다.

두 번째 디딤돌: 식량과 주택

거주민들이 자신이 살고 있는 나라, 도시, 그리고 동네에서 일단 안전하다고 느낀다면, 행복에서 다음으로 중요한 것은 식량과 주택의 적정 공급이다. 식량과 주택의 공급이 충분히 이루어진다면, 그들은 동일 연령대의 다른 이들이 할 수 있는 일들을 해낼 충분한 에너지를 보유하게 될 것이다. 식량 및 주택 부족으로 육체적으로 혹은 심리적으로 녹초가 된다면 아무것도 이루어낼 수 없을 것이다.

갤럽은 다음 두 가지 핵심 질문을 이용하여 전 세계적으로 이 행동 경제학적 상황을 모니터했다.

- 지난 12개월 동안 당신이나 가족은 필요한 식량을 구입할 돈이 부족했던 적이 있습니까?

- 지난 12개월 동안 당신과 가족이 지낼 적당한 거처나 주택을 마련할 돈이 부족했던 적이 있습니까?

식량이나 적당한 거처를 구하는 것이 가장 중요한 하루일과가 된다면, 나는 다른 세계 시민처럼 지역 경제 발전에 힘을 보탤 여력이 없게 될 것이다. 그 결과 나는 분명 게임에서 탈락하게 될 것이다.

충분한 식량과 적당한 거처를 보유하고 있는지는 리더들이 추적할 핵심 행동 지표이다. 그것은 갤럽 로드맵에서 일자리 창출 및 GDP 성장 전에 밟고 지나가야 하는 단계일 뿐 아니라, 이런 기본적인 욕구들이 충족되지 않으면 사람들은 일상적인 문제들을 해결할 에너지가 부족해질 것이기 때문이다.

세 번째 디딤돌: 핵심 제도

법과 질서, 그리고 식량과 주택 문제가 확실히 해결되지 않는다면, 각 국가와 도시에 있는 글로벌 시스템들에 수십 억 달러를 쓴다고 해도 보다 많은 일자리가 창출되거나 GDP가 증가하지 않을 것이다. 무엇보다 법과 질서가 먼저 확립되어야 한다. 그렇지 않으면 그 무엇도 가능할 수 없다. 그 다음으로 중요한 것은 식량과 주택 문제를 해결하는 것이다.

세 번째로 중요한 것은 필요한 제도들을 갖추는 것이다. 특히 의료 제도 및 교육 제도의 이용 가능 여부가 중요하다. 하지만 이 단계의 다음 질문들 역시 리더들에 대한 사람들의 신뢰도를 측정하고 있다는 점에서 이 파트는 물질적이기보다 감성적이다.

갤럽은 이 단계에서 다음의 직설적인 두 가지 질문을 이용하고 있다.

- 당신이 살고 있는 도시나 지역의 교육제도나 교육기관에 만족합니까, 아니면 불만족합니까?

- 당신이 살고 있는 도시나 지역에서 양질의 의료 시스템을 만족할 만큼 이용할 수 있습니까, 아니면 없습니까?

이 두 가지 직설적인 질문들은 성인 식자율(literacy rate: 국민 중 글을 아는 사람들의 비율 – 옮긴이)과 유아 사망률 같이 행복과 직결된 주요 이슈들과 밀접한 관련이 있다.

네 번째 디딤돌: 이동성과 의사소통

단순히 제도들이 갖춰져 있는 것만으로는 충분하지 않다. 예를 들어 쿠바의 경우 시민들은 의료 및 교육 제도에 상당히 만족하지만, 쿠바를 새로운 일자리 창출의 온상이라 생각하는 이는 많지 않았다. 그 이유 가운데 한 가지는 쿠바인들은 이동성이 크게 떨어지기 때문이다.

자유롭게 돌아다닐 수 있는 능력이 경제에서 매우 중요하다. 특히 일자리 발전에 있어 그것은 중요한 의미를 가진다. 근로자들은 일을 구할 수 있는 곳으로 이동할 수 있어야 하고, 기업가들은 기업가적 에너지가 넘치는 곳으로 자리를 옮길 수 있어야 한다. 그리고는 신생기업이 더 이상 신생기업이 아닌 단계에 이르렀을 때, 사업이 안정되고 성장세에 접어들었을 때, 그들은 사업을 확장할 필요가 있다. 한편 여기서 이동성은 단순히 물리적인 이동성이 아니다. 다시 말해 사고와 표현 같은 비물리적 측면의 이동성도 중요하다는 얘기다.

갤럽은 다음 질문들을 이용하여 전 세계의 이동성 및 의사소통 상황을 모니터하고 있다.

- 당신이 살고 있는 도시나 지역의 대중교통시스템에 만족합니까, 아니면 불만족합니까?

- 당신이 살고 있는 도시나 지역의 도로 및 고속도로에 만족합니까, 아니면 불만족합니까?

다섯, 여섯, 일곱 번째 디딤돌 :
청소년 육성, 구직 풍토, 일자리 강화

일자리를 확보하고 유지하려면, 특정 도시나 국가가 일자리 친화적인 도시나 국가, 일할 준비가 되어 있는 도시나 국가로 보여야 한다. 분명 사람들이 그렇게 생각할 이유가 필요하고, 그들은 보통 기업가들에게서 그 이유를 찾는다.

기업가들은 '레인메이커'이다. 그들은 특정 도시가 일자리와 고객과 돈을 창출하고, 그 도시가 이 세 가지 모두를 제공하리라고 믿을 이유를 제시하는 사람들이다. 특정 도시에 역량 있는 기업가들이 모여 정규직 일자리들을 창출할 때, 그들은 선순환을 일으킨다. 그들이 일자리 창출 기계에 에너지를 공급하고, 그 일자리 창출 기계는 세금을 낼 수 있는 이익을 창출하고, 세금은 교육 제도를 재정 지원하고, 교육 제도는 근로자들을 발전시키며, 근로자들은 일자리 기계를 운영하는 식의 선순환을 일으키는 것이다.

그러한 선순환이 일어날 수 있을지 판단하기 위해, 갤럽에서는 다음 질문들을 이용한다.

청소년 육성

• 이 나라의 청소년들이 존중받고, 존엄한 대우를 받고 있다고 생각합니까?

• 이 나라의 대부분의 청소년들이 매일 배우고 성장할 기회를 누리고 있다고 생각합니까?

구직 풍토

• 현재 당신이 살고 있는 도시나 지역의 구직 환경을 고려했을 때, 지금이 일자리를 구하기에 좋은 때입니까, 아니면 나쁜 때입니까?

• 당신이 살고 있는 도시나 지역에서 이용할 수 있는 양질의 일자리 기회에 만족합니까, 아니면 불만족합니까?

일자리 강화

• 이 나라 사람들은 열심히 일하면 성공할 수 있습니까, 없습니까?

• 당신이 살고 있는 도시나 지역은 창업하고자 하는 기업가들이 살기에 좋은 장소입니까, 아닙니까?

청소년 육성, 구직 풍토, 일자리 강화 단계에서 건설적이고 발전하고 있다는 평가를 받는다면, 좋은 일들이 이어질 것이다.

여덟 번째 디딤돌: 양질의 일자리

이러한 선결조건들이 충족되면, 각 도시나 국가는 양질의 일자리 창출을 위한 튼튼한 기반을 갖추게 된다. 그러나 리더들이 일자리들이 양질의 일자리인지 아닌지 어떻게 알 수 있을까? 리더들은 다음 세 가지 질문에 대한 답변을 면밀히 추적해야 한다. "나는 양질의 일자리를 갖고 있습니까?", "이곳은 나 같은 사람이 양질의 일자리를 구하기에 좋은 도시 혹은 국가입니까?" "이곳은 기업들이 활동하기 좋은 곳입니까?"라는 세 가지 질문 말이다. 사람들이 이 세 가지 질문에 긍정적으로 답할 수 있다면, 그 도시나 국가의 국민총행복은 성장 궤도에 올라 있는 것이고, 사람들은 양질의 일자리 창출이라는 세계인의 꿈을 이뤄낼 수 있을 것이다.

그러나 막대한 국민총행복은 양질의 일자리들을 충분히 확보할 때만 가능하다. 양질의 일자리를 갖는다는 것은 다음과 같은 이미이다.

> 1. 당신은 빈곤에서 당신을 구해줄 수 없는, 혹은 국가의 공식적인 경제총생산에 보탬이 되지 않는 저임금 일자리가 아니라, 적어도 일주일에 30시간 이상 근무하는 양질의 상근직 일자리를 갖고 있다.

2. 당신은 직장에서 당신에게 기대하는 바를 알고 있고, 직장에서 업무를 수행할 타고난 능력을 갖고 있다.

3. 상관이 당신의 성공과 발전에 관심을 갖고 있다.

4. 직장에서 당신의 의견이 중요하다.

5. 당신이 하는 일에 대한 커다란 사명감과 목적의식을 갖고 있다.

일에서 이러한 다섯 가지 요소를 찾을 수 있을 때, 사람들의 삶의 결과는 달라진다. 그리고 그 주변의 모든 것이 달라진다. 다시 말해 주변의 모든 것이 나아질 것이다. 이미 앞에서 제시했던 전제조건들과 양질의 일자리 창출은 긍정적인 행복을 가져다 줄 것이다. 양질의 일자리를 구한 시민들, 매일 꾸준한 수입을 올리는 시민들, 진정으로 일에 몰입하는 시민들은 행복 사다리의 꼭대기에 올라 서 있다. 이것은 낙관적인 GDP로, 보다 성공할 안정된 국가로 안내할 것이다. 또한 이것은 장기적 성공의 핵심 요소인 '인재 유입'의 길로 인도할 것이다.

장기적인 성공의 열쇠는 인재유입이다

유권자들이 번영을 누리고 있는 선거구의 리더들, 그리고 시민들이 자신의 삶을 만족스러워하고 향후 더 나아지리라 생각하는 지역의 리더들은 인재가 유입되는 것을 보게 될 가능성이 높다. 갤럽은 특정 도시나 국가에 인재가 유입되고 있다는 것은 그 도시나 국가가 그만큼 유능한 인재들을 유치·유지하는 능력이 있다는 의미라고 말한다. 그리고 그러한 인재들의 유례없는 재능과 지식은 그 도시나 국가의 경제 발전에 이바지할, 새로운 비즈니스와 일자리를 창출할 것이다.

현지 리더들이 직면해 있는 도전은 그들의 도시에 이러한 인재유입을 촉진시킬 방법을 찾는 것이다. 재능은 믿을 수 없을 정도로 값진 상품이다. 재능이 기업가정신과 혁신의 핵심이기 때문이다. 재능은 다른 이들로부터 그들을 극단적으로 차별화시키는 요소이다. 그리고 재능 있는 사람들은 더 많은 재능 있는 사람들을 끌어들인다.

기술 산업을 생각해보자. 만약 당신이 기술 발명가 혹은 기업가라면, 발명가들과 기업가들 사이의 인적 네트워크에서 투자자들과 슈퍼 멘토에 이르는, 당신이 필요로 하는 거의 모든 것이 실리콘밸리 안에 혹은 근처에 있다. 그것은 일종의 "내슈빌 불문율Nashbill Rule" – 만약 당신이 컨트리음악을 제작할 능력이 있다면, 당신은 세계 다른 어떤 지역보다 내슈빌(Nashville: 테네시주州의 주도州都로 컨트리 음악의 도시로 불린다 - 옮긴이)에서 그 재능을 극대화하고, 컨트리 음악의 대가들과 음반제작자들에 둘러싸일 보다 많은 기회를 갖게 될 것이라는 불문율 - 과 같다.

그리고 내슈빌 불문율은 놀랄 정도로 소수 사람들에 의해 좌우되고 있다. 예상치 못했던 인터넷 기술 호황의 상당부분도 주도적인 역할을 했던 사람들을 추적해보면 1000명 정도로 집약할 수 있다. 이들 1000명 가운데 절반 이상이 다른 나라에서 이민 온 미국인들이었다. 이것은 매우 중요한 정보이다. 이 500명 가량의 이민자들 가운데 상당수가 인도에서 건너온 사람들이다. 그러므로 만약 300명에서 400명 정도의 인도인들 - 대부분 버클리와 스탠포드가 끌어들인 인재들 - 이 실리콘밸리로 건너오지 않았다면, 막대한 경제 부흥도 가능하지 않았을 것이다. 그렇다고 그들이 건너오지 않았으면, 인도에서 그러한 경제 부흥이 가능했을 것이란 얘기가 아니다. 그것은 보다 우수한 샌프란시스코 밸리가 갖추고 있는, 혁신이나 기업가정신을 급속도로 극대화할 비옥한 환경을 인도의 방갈로르와 뭄바이는 갖추고 있지 않기 때문이다.

미국은 가장 유능한 인재들을 영입하여 그들이 빨리 미국시민이 될 수 있도록 돕지 않는다면, 다가오는 일자리 전쟁에서 승리하지 못할 것이다. 세계에서 가장 유능한 인재들의 다수를 확보하지 못한다면, 미국은 세계 경제를 이끌 수 없게 될 것이다.

가장 유능한 기업가들이 이주하여 정착하는 곳에서 차세대 경제도시왕국이 발흥할 것이다. 보기 드문 인재들에 대한 미국의 이민 정책을 개혁해야 한다. 그렇지 않으면 미국은 차세대 일자리들을 잃어버릴 것이다. 다시 승기를 잡고자 한다면, 미국은 이 유능한 인재들의 절반을 아니면 최소 3분의 1을 끌어들여야 한다.

정확히 다시 말하면, 미국은 세계에서 가장 유능한 이례적인 인재들 가운데 3분의 1에서 2분의 1을 끌어들여야 한다. 이것이 미국이 갖고 있는, 가장 강력한 인적 자원 전략이다. 미국은 이기려면 내가 앞에서 언급했던 모든 것들을 해야 하지만, 가장 유능한 이례적인 인재들, 특히 가장 유능한 기업가들을 유치한다면, 또 한 번의 급작스런 경제 기적을 이루어낼 수 있을 것이다.

행복한 국민이 행복한 국가를 만든다

75년간의 설문조사 자료를 포함하여, 갤럽 연구원들이 찾아낼 수 있었던 모든 것을 검토한 뒤, 일자리 창출 현상에서 인성과 행동 경제학이 어떤 역할을 하고 있는지 당신이 내게 묻는다면, 나는 '행복'이라고 말할 것이다. 행복의 요소들은 어떤 일이 있기 전 – 예를 들면 당신의 국가나 도시에서 어떤 좋은 일이나 나쁜 일이 발생하기 전-, 선행되는 심리 상태들이다.

국민총행복은 국내총생산 성장에 있어 매우 중요하다. 불행한 사람들 혹은 아픈 사람들은 일자리 창출과 기업가정신, 그리고 혁신에 연료를 공급할 수 없기 때문이다. 불행한 시민들은 양질의 일자리를 창출하지 못하며, 우수한 일꾼 역시 되지 못한다. 당신이 행복을 증진시킬 때마다, 당신이 살고 있는 도시나 국가는 조금 더, 혹은 훨씬 더 많이 나아질 수 있다. 또한 일자리도 약간 더 혹은 많이 더 창출될 수 있다.

갤럽의 세계 행복 로드맵상의 각 단계들은 행복의 지표들이다. 그러한 지표들은 당신이 사는 도시의 정신이고, 당신이 사는 국가의 희망이다. 재계 및 비정부기구 리더들은 글로벌 전략을 세우는 데 이러한 행동 경제학적 지표들을 포함시켜야 한다. 리더들은 사람들이 양질의 일자리에서 일하고 있을 때 경제적으로 보다 풍요로워질 뿐 아니라, 일과 관련해 커다란 행복을 느끼며 번영을 누릴 가능성이 높아진다는 것을 알아야 한다.

각 국가나 도시에 양질의 일자리를 구한 거주민들이 많으면 많을수록 더 좋다. 이러한 개개인들의 발명품들과 비즈니스 모델들 모두가 양질의 일자리 창출을 핵심과제로 삼아야 한다. 갤럽의 세계 행복 로드맵은 세계의 행복을 위해 가장 필요한 요소들을 알려주고 있는 글로벌 로드맵이다.

만약 미국의 모든 기관이 외국과의 제휴 전략을 세울 때 그들이 다른 국가에 미칠 영향을 포함시킨다면, 미국 재계가 세계 평화를 위해 미국 국무부와 세계은행 그리고 유엔 등 세 곳이 하는 역할을 합친 것보다 더 많은 역할을 할 수 있을 것이다. 그리고 미국은 최고의 일자리들을 손에 넣게 될 것이다. 세계 어디서든 고객과 일자리 창출, 비즈니스 협력 관계, 지분, 그리고 기업가정신에 대한 이야기보다 더 바람직하고 더 존경스런 대화는 없다.

미국이 외국과 어떤 재화를 교역하든, 그것이 다리든, 터널이든, 기술이든, 교육이든, 식량이든, 의약품이든, 다른 국가들의 행복을 증진시킬 이러한 단계들과 미국이 수출하는 재화를 하나로 묶어 생각할 때 미국은 더 많이 수출할 수 있게 될 것이다. 이것이 미국의 모든 기업의 세계적인 사명이 되어야 한다. 행복의 여러 단계들 가운데 미국이 수출하는 재화 및 서비스와 가장 밀접한 관련이 있는 단계에서 한 걸음 전진함으로써, 모든 기업은 미국의 행복을 증진시킬 수 있다. 그러므로 미국의 기업들은 더 이상 거래만을 추구할 것이 아니라, 수출을 통해 '고객들의 국민 총행복'을 증진시켜 나가야 할 것이다.

갤럽의 세계 행복 로드맵 상의 행복 단계들과 기업의 모든 전략을 결부시킴으로써 무한정의 돈을 벌고 무한히 매출과 수익을 올리고 무한히 주가를 상승시키고 무한히 일자리와 GDP 성장을 이루어낼 수 있다. 그러나 사람들이 거의 알지 못하고 있는 것은 미국 기업들이 사실상 세계 모든 곳에서 승리하는 협력 관계를 구축한다면, 달성하기 힘든 세계 평화조차 달성할 수 있게 되리라는 것이다.

젊은이와 노인, 부자와 빈자, 러시아인, 에티오피아인, 페루인, 무슬림인, 이슬람교인, 힌두교인, 쿠르드인, 그리스도교인, 그리고 여타 모든 인종들과 문화들이 향후 몇 년 동안 세계에서 제1의 화두로 삼아야 하는 것은 일자리 창출과 기업가정신이다. 그것은 당신이 홍보이사든, 육군 장교든, 평화봉사단 자원봉사자든, 혹은 선교사든 상관없다. 미국의 전략들은 모든 것을 이러한 국민총행복 로드맵 상의 단계들과 결부시켜야 한다. 그러한 단계들은 차세대 인류 발전을, 인류의 공생 가능성을 타진하는 차세대 테스트를 보여준다.

"희생자는 있어도 구경꾼은 없다!"

전 세계를 대상으로 사실상 모든 것을 물어보고 수집한 갤럽의 데이터들을 살펴보고 내린 가장 심오한 결론은 이러하다. 세계의 주된 소망은 더 이상 평화나 자유가 아니라는 것, 심지어는 민주주의도 아니라는 것이다. 이제 가족을 꾸리고, 집이나 땅을 소유하는 것보다 양질의 일자리를 구하는 것이 무엇보다 중요한 세계인의 소망인 것이다. 다른 모든 관심사는 그 다음에 생각할 문제이다. 양질의 일자리가 사회적 가치이다. 인류에게 있어 그것은 중대한 사회학적 변화이다. 그것이 사람들이 국가, 도시, 그리고 조직을 리드하는 방식과 관련된 모든 것을 바꾸어 놓고 있다.

이미 앞에서 언급했던 것처럼 내가 미국인이고, 미국이 이례적인 국가이고 세계를 선도해야 한다는 생각을 갖고 있기 때문에 내 마음이 미국에 기울어져 있는 것은 사실이지만, 이 책에서 내가 말하고 있는 것은 모든 선진국에 해당되는 이야기이고, 선진국이든 아니든 모든 국가에 유익한 이야기이다. 세계를 선도하는 국가들의 상황이 호전될수록, 세계의 상황도 나아질 것이다.

미국이 세계의 새로운 소망을 리드하려면, 미국은 다음 10가지 요구 - 갤럽이 조사한 데이터들과 의견들을 말 그대로 수조 번 조합하여 내린, 가장 중요한 10가지 결론 - 를 완전히 익혀야할 것이다.

1. 세계가 맞닥뜨린 최대 난관은 양질의 일자리 부족이다. 모든 기관과 조직의 리더들은 의사결정을 내리는 매순간 이 점을 고려해야 한다. 이제 세계의 위대한 소망은 양질의 일자리를 확보하는 것이다. 이 위대한 소망을 달성할 전략들과 정책들을 세우는 것 이외의 무엇인가에서 당신이 세계 최고가 된다면, 당신의 리더십은 이제 그리 가치 있게 평가되지 않을 것이다. 일자리 창출이 세계 모든 리더들의 새로운 화폐이다. 전 세계적으로 가장 중요한 새로운 사회적 가치는 더 이상 인권, 환경, 낙태, 종교, 동성결혼, 여성문제, 혹은 평등에 있지 않다. 전 세계의 최대의 사회적 가치는 이제 일자리이다.

2. 일자리 창출 문제는 도시 차원에서만 해결 가능한 문제
이다. 도시 GDP 및 일자리 창출 결과가 도시별로 격차
가 심하기 때문이다. 국가 차원보다 도시 차원에서 보다
큰 영향력을 발휘하고, 보다 큰 변화를 불러일으킬 수 있
다. 연방 정부는 지속 가능한 일자리를 창출할 수 없다.
그저 단기적인 일자리를 창출할 뿐이다. 일자리는 정책
만큼이나 지역적인 문제이다. 도시들이 인력을 생산하는
일자리 발전소이다. 그들이 혁신을 통해, 그리고 특히 기
업가정신을 통해 일자리를 창출하고 있다.

3. 미국에는 일자리 창출의 핵심 에너지원이 세 개가 있다.
바로 미국의 상위 100대 도시들과 상위 100대 대학들과
1만 명의 지역사회 리더들이다. 일자리 창출에 동원할
수 있는 다른 많은 요소들이 있지만, 이 세 가지가 가장
믿을 수 있고 가장 관리하기 쉬운 요소들이다. 그들이 지
렛대로 이용할 수 있는 최적의 세력이다. 그들은 일자리
창출에 필요한 폭발을 일으킬 초대형 충돌 가속기들이
다.

4. 기업가정신이 혁신보다 더 중요하다. 유감스럽게도 수요
와 공급이 거꾸로 가고 있다. 기업가정신이 혁신보다 더
중요함에도 불구하고 거의 모든 국가들과 주들, 그리고
도시들이 혁신에 모든 것을 걸고 있기에 하는 얘기다. 혁

신이 중요한 것은 사실이지만, 혁신은 막강한 힘을 지닌 기업가정신을 뒷받침할 뿐이다. 세계적으로 혁신이 과잉 공급되고 있기 때문에, 보기 드문 능력을 지닌 기업가들에게 투자가 이루어질 수밖에 없다. 달리 말하면, 훌륭한 아이디어에 투자하기보다 유능한 기업가에게 투자하는 것이 훨씬 낫다는 얘기다.

5. 미국은 의료비를 따라잡을 수 없다. 미국에게 이것은 무거운 짐이다. 사실 어떤 나라도 이와 같이 무거운 짐을 짊어진 적이 없다. 모든 리더가 의사결정을 내릴 때 육체적 건강을 중요하게 고려해야 한다. 그렇지 않으면 미국은 자유세계의 리더 자리를 내놓게 될 것이다. 미국의 관리자들은 팀의 성과와 성장만 살필 것이 아니라, 전반적인 건강과 행복에도 주의를 기울여야 한다.

6. 미국 공립학교의 중퇴율은 3분의 1 정도이다. 소수민족들의 경우에는 중퇴율이 50퍼센트에 이른다. 모든 공교육의 결과는 지방자치단체 소관이기 때문에, 현지 리더들이 중퇴율과의 전쟁에서 한 번에 한 학생, 한 도시, 한 학교 전략을 구사하며 도시 전체를 통솔하고, 모든 청소년 프로그램들을 주도해야 한다. 만약 그렇게 하지 못한다면, 그들은 일자리를 잃게 될 것이다. 한 나라의 운명은 청소년의 '금융독해력(financial literacy: 금융 분야에 대한

지식, 이해력 – 옮긴이)'과 기업가적 에너지에 달려 있다.

7. 미국은 몰입형 근로자들의 수를 두 배로 증가시킴으로써 스스로를 차별화시켜야 한다. 몰입도가 낮고 에너지가 부족한 직장들은 결국 일자리를 감소시킬 것이다. 미국 노동인구 가운데 28퍼센트만이 날마다 경쟁하며 승리할 준비가 되어 있다. 그 수를 두 배로 증가시킨다면, 미국과 중국이 거둘 결과가 달라질 것이다. 그 수를 두 배로 증가시킨다면, 고객들과 일자리들, 그리고 신규창업기업들이 늘어날 것이고, 일반적으로 미국의 경제 에너지가 두 배로 증폭될 것이다. 무능한 작업장을 운영하는 것은 사업적으로 좋지 않은 일일 뿐 아니라, 국익에도 반하는 일이다.

8. 새로운 고객들이 등장하는 곳에서 일자리는 창출된다. 그런 이유 때문에, 흔히 고객 통찰customer insight 혹은 고객 중심주의로 불리는 고객학the science of customers이 과거 그 어느 때보다 중요하다. 고객 중심주의와 고객에 대한 깊이 있는 통찰이 이 전쟁에서 무엇보다 중요하다. 미국인들은 세계 어떤 이들보다 세계 고객들을 보다 깊이 이해해야 한다. 그렇지 않으면 향후 140조 달러의 세계 GDP 성장 경쟁에서 패할 것이다.

9. 중소기업들이 모든 경제를 짊어지고 있다. 따라서 그들의 마음 상태, 특히 낙관적인 시각과 굳은 결의에 따라, 미국의 경제적 미래도 달라질 것이다. 대부분의 일자리들이 기업가들이 신생기업들을 설립할 때 창출된다. 향후 가장 커다란 일자리 공급원은 커다란 성공을 거둔, 5퍼센트 가량의 기존의 소기업들이 될 것이다. 도시들은 소기업 창업을 독려하고 지원하고 조언하고 축하하는 환경을 조성해야 한다. 모든 일에서 모든 전략을 소기업 창업 및 가속화와 결부시켜야 한다.

10. 수출의 향방에 따라, 향후 일자리 전쟁의 향방도 달라질 것이다. 미국은 향후 5년 동안 수출을 세 배 이상 증가시키고, 향후 30년 동안 20배 가량 늘려야 한다. 미국은 현재 고객들에게 단순히 보다 많은 재화를 판매하는 것으로는 다가오는 일자리 전쟁에서 이길 수 없다. 미국은 수출을 해야 한다. 차세대에는 수출이 바로 '인간이 달에 착륙하는' 순간이 될 것이다.

만약 미국이 이 10가지 요구들을 완전히 숙지한다면, 미국은 미국의 종말이라는 예견된 미래를 뒤집어엎을 수 있을 뿐 아니라, 비즈니스 협력관계에서 비롯된 근본적인 상호 존중을 바탕으로 보다 세계적인 우정도 쌓게 될 것이다. 그리고 연기가 걷힐 때 미국은 평화로운 방법으로, 즉 세계 일자리 전쟁에서 이김으로써 이 세 번째 전쟁에서 승리를 거두게 될 것이다.

내가 이야기한 것들 가운데 상당 부분이 암울하고, 내가 제시한 처방들 가운데 상당수가 이루어내기 어려운 요구들이다. 심지어 나는 그중 어떤 것은 가능한 일일까 하는 의문이 들기도 했다. 그러나 그것은 가능한 일이다. 한 가정주부의 아들인 AJ는 자신을 위한 좋은 일자리가 있으리라는 것을 믿어 의심치 않는다. 자신을 둘러싸고 있는 경제가 무한한 가능성을 갖고 있는 것처럼 일에 몰두하고 있는, 전 세계 기업들의 근로자들을 보라. 그들의 생각이 틀리지 않았다. 그리고 계속 이렇게 노력한다면, 그들은 실패하지 않을 것이다. 그러나 그들이 실패할 수도 있다. 부적절한 정책과 비뚤어진 사회적 가정假定들, 소통하지 않는 멘토들, 무너져 내리는 도시들, 졸업하지 못한 학생들, 건강해지지 못한 사람들, 일에 몰입하지 못한 근로자들, 창출되지 못한 일자리들로 인해 그들은 실패할 수도 있다. 그러한 근로자들이 실패한다면, 국가도 실패할 것이다.

다가오는 일자리 전쟁은 승리는 어렵지만 패배는 쉽다. 일자리를 창출하고 지켜나가려면 전쟁을 치르지 않을 수 없다. 이 전쟁에 희생자는 있을 수 있지만, 구경꾼은 있을 수 없다. 그것은 국가와 정부는 물론, 정치가와 교육자, 기업 리더와 근로자, 자라나는 청소년, 그리고 가장 중요한 당신이 불가피하게 치러야 하는 3차 대전이다.